お母さんの「育児力」が強くなる12のルール

信 千秋
Shin Senshu

総合法令

はじめに

いつもゴタゴタ、騒然とした社会。お母さんや子どもたちを取り巻く環境は殺伐としています。いまのお母さんは忙しすぎますね。人は忙しすぎると心を見失います。子どもの心を育てるために、時には心穏やかに周りを見直してみましょう。

たまにはのんびりして心を取り戻そうと、近所のプラネタリウムを何年かぶりにのぞいてきました。宇宙の星空の運行を天井に映しだすあの装置です。解説もなかなかロマンたっぷりで、子ども連れのお母さんたちが多くいました。

エコロジー運動が、自然保護の波を世界的に広げてきています。とてもよいことです。でもここまでくると、古い言葉ですが、ネコもシャクシもエコ、エコ、エコの大合唱という感じです。商品のCMにまで氾濫するようになりました。

しかし、自然は人に保護されなければならないほど脆弱《ぜいじゃく》なものではありません。自然の強大な保護のもとで私たちは生かされてきたのです。人間は思い上がって主客転倒してしまったようです。自然への畏敬《いけい》の念が見当たりません。

私たちは周りに見える外側の自然環境だけに目を奪われるのでなく、いのちの内側なる自然のルールも、できるかぎり見つけだし子どもに伝えたいと思うのです。

子どもがからむ事件が起こると、たちまち寄ってたかって親の過保護だと叩きます。保護は悪いことなのでしょうか？　なにが必要な保護で、なにが悪い保護なのかはさっぱり見えてきません。多くのお母さんは戸惑うばかりです。

実は「子育て」とは、自然からお母さんに委ねられた「育児力」で、子どものいのちを保護し、育成へのよい干渉を行うことなのです。自然のルールがわかれば、より楽しく子育てできるようになるでしょう。

もともと子どものいのちは、お母さん個人のものではありません。自然からの預かりものです。しっかり保護し、自然のルールに従って育てましょう。それにはなによりもまず、お母さん自身がもっている「育児力」に気づいてほしいのです。

強い「育児力」で育てられた子どもは、必ずお母さんも幸せにしてくれます。

信　千秋

お母さんの「育児力」が強くなる12のルール◉もくじ

第3章 「会話」のルール

子どもが受け入れる言葉、拒否する言葉

第4章 「働き」のルール

子どもに〝働く喜び〟を感じさせる方法

第5章 「遊びと運動」のルール

子どもの〝やる気〟を引きだす遊ばせ方

第6章 「友だちづくり」のルール

子どもの自信と社会性を育てる方法

第7章 「性教育」のルール

0歳から伝えよう、すばらしい性の力

第8章 「きょうだい」のルール

仲のよい兄弟姉妹を育てるコツ

第9章 「ねむり」のルール

生活のリズムによって、子どもに質のよいねむりを与える

第10章 「妊娠」のルール

子育ては妊娠前から始まっている

第11章　「健康づくり」のルール

乳幼児期の子育ては病気との知恵くらべ

第12章　「心のシグナル」のルール

子どもの心の変化は、まず皮膚表面に現れる

付録　お母さんの悩みQ＆A

装丁・イラスト／霜田りえこ

第1章

「心の育て方」のルール

よい干渉、よい保護、よい放任

#「子育ての専門家」はお母さんだけ

「子育ては楽しいですか」

ある講演会で、参加した三〇〇人あまりのお母さんたちにそう質問したところ、楽しいと答えたお母さんは三人でした。

私たち人類は発生以来、長い長いあいだ子どもを生み育ててきました。それが自然だったからです。

自然の子育ての命題は「ほんらい楽しいもの」です。でなければ、今日まで数百万年も人類は生きのびてこられなかったはずです。

自然が子育てに与えた楽しさを取り戻しましょう。それほど面倒でも難しいことでもありません。なんでも問題をややこしくするのは、ものごとを一緒くたにして複雑にする現代の風潮です。

お母さんは、子育てにそのときどきの流行を持ち込まないようにしましょう。自然は子育てにそれほどややこしい仕方を与えていないのですから。

一見難しいと思うことも、一つひとつ分けて考えれば意外と簡単に解決できることが多くあります。なにごとも「分ければシンプル」といった人がいましたが、明察だと思います。ものごとの本質は案外にシンプルなものなのです。

子育てを大きく二つに分けてみましょう。

まず、いのちを守り育てること。これはすべての生物が自然に行っていますね。

つぎに、自立生活ができるように心と体と意思を育てること。これも、べつに特別な教育を受けなくても、すべての生物が自然に行っています。本来の子育てとは、それほど難しいことではなかったのです。

現代では、お母さんが新しいいのちを生み育てること自体が、大変な事業になってしまいました。妊娠管理、出産管理、子育て管理と、すべてがそれぞれの専門家の研究と管理指導のもとに行われるようになりました。

一般的に〝助産婦（師）〟という言葉はよく使われますが、〝主産婦〟という言葉はあまり聞くこともなくなりました。

でも実際は、自然が与えた「子育ての専門家」は、お母さんしかいないのです。そうでなければ、すべてのいのちが数百万年も継承されるはずがありません。お母さんが〝母性〟という偉大な特性を、自然から贈られた使命感で受け継いできたのです。

近年、その偉大なる母性の「育児力」が弱体化しつつあります。

これはつまり「いのちの継承」という自己完結さえできなくなってきているということです。適者生存という自然の法則から考えれば、私たちはむしろ退化したのかもしれません。

たしかに、知識と能力と才能と技術の教育は、続々と高度に専門化され万能化されました。教育技術だけは最高に進歩しました。しかしその反面、「育児力」の再生と強化はほとんど放置され、実態は数百年前の時代のままなのです。

もうここらで子育てを足もとから見直しましょう。お母さんたちにもともとあった「育児力」の再生と強化の重要性に、関係者は気づいてほしいと思います。

いま、お母さんに考えてもらいたいのは、子どもの心の育て方の問題です。けっして教育技術のことではありません。教育についてはすばらしい専門家が大勢いますから、その方々の指導にお任せすればよいのです。

しかし、子育てや心育てはお母さんにしかできません。

子育てには、大きく分けて〝三つの領域〟があります。

1. 「干渉《かんしょう》」の領域
2. 「保護」の領域
3. 「放任」の領域

この章ではまず、お母さんに知っていただきたいこの〝三つの領域〟についてお話ししようと思います。

よい干渉、悪い干渉

子育てにおける「干渉」とは、子どもが自立して生活できるための、日常生活の知恵を与えることです。子どもの行動を予測し、指図や命令によって、子どもの意思をお母さんの意思に従わせます。とくに子どもが幼児のうちは、いのちの安全のためにも多くの「干渉」が必要です。

しかし「干渉」が必要以上に多いと「過干渉」になり、子育てでは非常にまずい結果を招くことになります。子どものやる気を奪い、自立心を萎《な》えさせ、反抗心までつくりだしてしまうのです。

ですから、どこまでが必要な「干渉」で、どこからが「過干渉」になるのかを見分けることが重要です。たとえば、二歳の幼児が自分でクツを履こうとしているとき、お母さんが、時間がないからと幼児の足を取りクツを急いで履かせたとします。これを繰り返していると「過干渉」になります。

正常な「干渉」は、待つことから始まると思ってください。この場合、たとえ子どもがクツの左右を間違って履いたとしても、「あら上手に履けたわね」とまずほめます。子どもがなんとなく歩きにくそうにしたら、初めて気づいたふりをして、「おや、右と左が違っているみたい」といって、子ども自身で履き替えさせます。これが待つことです。

子どもが〝やる気〟でしようとすることを、待てないお母さんが先取りしてかわりにする——これが「過干渉」です。子どもの意思に「干渉」しすぎるということです。「過保護」とは違いますから、くれぐれも間違えないようにしてください。

さて、妊娠中のお母さんの胎内で、八週目になる赤ちゃんが育っています。もうこのころから胎児の心は形づくられます。その心の芽に子宮内膜を通して、お母さんの「干渉」が始まります。「よく育ちますように」と思うお母さんの願いも「干渉」なのです。

胎教とは、「干渉」をよい意味で具体化したものです。よい胎教とはよい「干渉」というわけです。反対に「あらっ、妊娠したみたい。どうしよう」と思うと、これは悪い「干渉」、つまり悪い胎教というわけです。

子どもに対して「愛をこめて育成を願う」お母さんの言動は、いのちを育てるのに必要なものです。これがよい「干渉」の原則です。

つまり、子どもにとって〝よりよい生き方への応援歌〟になるものは必要な「干渉」ですが、子どもにとって不必要なのに、お父さんお母さんの都合を手取り足取り押しつけることを「過干渉」というわけです。

小学校の運動会には親子二人三脚の競争がありますね。大人と子どもが片足ずつくくりつけ、よーいドンでいっせいにスタートするあれです。中には夢中になって子どもの歩幅も忘れて走りだし、あせって転んでしまうお父さんがいます。子どもへの応援が逆に足を引っ張る、これが「過干渉」の具体例です。

いまの子育ては、教育とごっちゃ混ぜになって混乱しています。教育の目的は知能の習得ですから、多少の「過干渉」はやむを得ません。よい悪いはともかく、現代の競争社会へ参加するには欠かせないものですから。

しかし、子育ては違います。子育ては心を育てる領域だからです。子どもが必要とすることを最小限に与えること――これが心を育てるよい「干渉」のルールです。

よい保護、悪い保護

生物の成育には環境の「保護」が必要です。

細菌のような単純な生物であっても同様です。たとえば、山奥の谷川など湿気のある場所には、植物と細菌の境目にある粘菌という生物が、苔《こけ》みたいに群がって生えています。微小なタンポポのような形をしたカビの一種です。

この粘菌がいる場所に日が当たって地面が乾燥しだすと、粘菌はザワザワと寄り集まり、ナメクジのような形になって、グニャグニャと動きだします。そして日の当たらない湿気のある場所を探し、そこで解散してもとのカビ状に戻ります。集団引越しですね。粘菌が自然の「保護」を求めて移動したわけです。

また牛や馬、鹿などの動物は、生まれるとすぐに歩きだします。自然界は危険がいっぱいだからでしょう。それでも子どもが自分で食べ物を探し自立できるまでの期間は、母親が授乳してなめ回し清潔に育てて「保護」します。

しかし、複雑な成長を遂げた人間は少々違います。生まれてもすぐには歩けませんし、自分で食物探しなど何年も先の話です。これは、頭脳が発達して大きくなりすぎたので、自然と早産状態になったためだと思われます。

他の動物と比較すると、人間は三歳ぐらいまでは〝子宮外胎児〟の状態にあるといえます。ですから「保護」がなければ健全に育成できません。頭脳の発達状態、シナプスの配線を見ても三歳までは未完成です。つまり人の子どもは「保護」しなければならない期間が非常に長いということです。

しかし、私たちの社会は効率を優先するため、この「保護」期間がどんどん短くなってきました。体さえ成長すればそれでよし、という風潮です。肝心の〝心の育成〟を忘れているのです。

人は動物とは違うのです。体の成長だけに気を取られて、心を育てるのを見逃すことのないようにしましょう。つまり、体の「保護」も当然必要ですが、心の「保護」がより大事だということです。

また、「保護」の領域も「干渉」と同じで、必要限度か、必要以上かを見分けることが重要です。

物を与えすぎることを「過保護」といいます。物での「過保護」は心を萎縮させます。食べ物、飲み物、洋服、小遣いなどなど、子どもには不釣り合いのものを、しょっちゅう与えているお母さんがいますが、この「過保護」を続けていると、子どもの心に依存心を根づかせ、自己中心のわがままな自我をつくりだします。また、欲求不満が絶えないようになります。

寒そうだからと子どもが嫌がるのに服を五枚も厚着させたり、おなかを空かさないようにと三度の食事を五度に増やしたりと、子どもを大切にしすぎているお母さんもいます。一見、善意と情にあついお母さんにも見えますが、「過ぎたるは及ばざるがごとし」、子どもの自立心の土台を崩しかねません。要注意です。

一方、心を「保護」するものは、いくら与えすぎてもけっして「過保護」にはなりません。心を育てるとは、お母さんの愛のエネルギーを子どもの心に注ぎ込むことです。

心のエネルギーの与えすぎということは起こりません。なぜなら子どもは、自分が受け取ったそのエネルギーを、こんどは周りのお父さんやお母さん、兄弟姉妹や友だちに伝え注ぐからです。

子どもの心に「自分はお母さんやお父さんに、心から愛されている」という自信をつけさせること——これがよい「保護」のルールです。

よい放任、悪い放任

「放任」という言葉には、あまりよいイメージがありませんね。幼児を放りっぱなしにするとか、ロクでもない話題が多いからです。これは「過放任」といって「保護」の放棄です。

両親がなにかの用事で、子どもを真夏の四〇度近い車中に置きっぱなしにして、熱中症にかかって緊急入院、というような事故も耳にします。これなど「過放任」の見本みたいなものですが、意外によくある話です。「過放任」は結果的に、子どもの心身を危機に陥れます。

子育てにおける「放任」とは、放りっぱなしとはまったく違いますから間違えないでください。自然が子どもの成育に与えた、自然成長というプロセスがあるのです。

「子どもの意思を認め尊重するのは、小学生か中学生になってからでいいのではないでしょうか」と考える方もいます。〝もの心ついてから〟ということでしょう。でも、それでは遅すぎるのです。

妊娠してから二〇週を過ぎると胎動が始まります。胎児はお母さんのおなかの内側から、足やら手やらを使ってどんどんと動いたりします。準備運動だという人もいますが、たしかに胎児の成育とともに自然にそれは起こりますね。

これはお母さんが指示した動きではありません。自然が定めたある時期になると、妨害されないかぎり始まるのです。春になれば桜が咲く、秋になれば紅葉が山を染める。このような、人の力の及ばない法則があるものは自然に任せることを、子育てにおける「放任」といいます。

赤ちゃんは這い這いが始まってしばらくすると、近くのテーブルなどにつかまり立ちし、伝え歩きを始めます。そのうち独り立ちして両足で力強く歩きだします。お父さんやお母さんには感動的な場面ですね。これは人の成長過程で必ず起こることですが、これを他の動物に強制訓練してもうまくいきません。自然が人に与えた計画に従って二足歩行が始まるわけです。

子育てにおける「放任」の領域とは、このような人の力の及ばない、自然に任せなければならない領域のことをいいます。人為的な「干渉」や「保護」をしないほうがよい場合があるものなのです。ただしあくまで、その結果がよくなることが前提です。

自然に任せたほうがよい場合と、その場のなりゆきに任せてはならない場合を見分けられるかどうかが、子育ての上手下手の別れ道ともいえます。

たとえば、幼児が砂場で泥まみれになって遊ぶとき、あれこれ指図せず、子ども自身の意思に任せて離れて見守る。これがよい「放任」です。そのとき幼児を放りっぱなしにして、お母さんがなにか他の用事にと離れてしまえば、それは「過放任」になるのです。

子育てにおける「放任」は時に必要なものですが、「過放任」は大きな間違いにつながる恐れがあります。「保護」を放棄するのではなく、離れて見守ること——それがよい「放任」のルールです。

第2章

「食べさせ方」のルール

子どもの将来を左右する周産期の食習慣

〝楽しい食卓〟が子どもの心身を支える

子育て中のほとんどのお母さんが子どもに期待するものは、まずは〝健康第一〟です。そのつぎに、やる気いっぱいの明るい子どもに育ってほしいと願うことでしょう。

だからお母さんたちは、子どもの食べ物にはとくに気をつかっています。偏食させないようバランスのよい食事を、と栄養学の研究も大変盛んです。中には専門家なみに勉強されている人もいるようです。

まあ、それはそれで必要なことですが、ここではもっと大切な、「食事による子どもの心の育ち方」をお話ししたいと思います。

〝食べ物〟と〝人の心〟との正しいあり方は、はるか昔から伝えられてきた貴重な「食べさせる文化」にあります。いまの食文化は、近年急速に発達した食材分析学や栄養学に偏りすぎているのです。ここで食と心のつながりを、改めて見直してみましょう。

実はいま私たちは、食物を知識（栄養）で選び、経済（価格）で買い、味覚（うまいまずい）で口に入れています。人の食事の本来の目的は心の欲求、つまり心の満足感を得るためだったのですが。

それが社会の合理化の嵐の前に、〝おいしく食べる心〟はいつしか吹き飛ばされて、まるでガソリンスタンドで給油される自動車みたいな気分の食卓になっています。栄養さえ詰め込めばよいという味気ない食べ方になってしまっているのです。

あるお母さんが、三歳の娘の偏食のことで訪ねてきました。「野菜嫌いでどのようにしてもキャベツ一切れ食べようとしません。歯をくいしばって拒否するので、私もつい娘に馬乗りになって押さえつけ、口をこじ開け野菜を押し込んでいます」という相談でしたが、似たような話はよくあります。こんな目に遭った子どもは、たぶん一生野菜嫌いになると思いますね。

どれほど栄養価が高くておいしい食べ物でも、食べる人に食べたいという気（心）がなければ、たとえ口の中に押し込んでも、生理的に消化不良を引き起こし、体内に吸収されることはないでしょう。

たとえば、大切な愛する人を事故で失ったとき、食事でパクパク食べられる人はいません。砂をかむ味がするからです。

いまの家庭の食卓でだんだん少なくなっているのが、〝団欒《だんらん》〟という味つけです。食べ物は楽しい雰囲気がなければ、消化不良で胃腸を素通りするだけです。お父さんやお母さんにぜひ取り戻してほしいものです。

〝栄養満点・楽しさ半減〟のいまの食卓に、〝おいしく食べる心〟を取り戻しましょう。まず、よい雰囲気をつくることです。食卓に一輪の花でも飾りましょう。食器はいつもいまあるいちばん上等のものを使います。ケチって仕舞い込んだ生涯役立たずの品が案外あるものです。

そしてお母さんやお父さんの出番です。選んだ食材を楽しく（食感を大事に）調理した料理を、家族みんなで食卓に並べます。そして、仲よく食事ができることをお互いに感謝し合います。「ありがとう……いただきます」。

食事どきの話題は、その日いちばん楽しかった話などがベターです。「あなたぁ、お給料はまだ増えないの……」とか、子どもに「今日の学校の成績は最低だね」といった、ケチつけグチる話題は最悪です。必要なら他の場面でしましょう。

このような食卓文化を心がけているお父さんやお母さんの家庭では、まず子どもの偏食は起こらないでしょう。子どもは味と栄養だけで食べ物を選んでいるわけではありません。食べさせ方の上手さがつくる楽しい食卓の雰囲気が、子どもの大好きな味つけなのです。

たまにしか一緒に食事ができないからと、食卓で説教などをする人がいますが、まず相手の耳に入ることはありません。口と耳から同時にいろいろ入ると、どちらも消化できなくなるだけです。〝食卓裁判〟はなんの役にも立たないのでやめましょう。

「食文化」というと、無農薬の自然栽培だとか、野菜穀物と肉魚の栄養価の比較といった食材の選び方か、あるいは食品加工の上手下手や料理上手の腕自慢か、などと錯覚するほど考え方が偏向しています。数多くある専門の教育関係誌でもその伝え方に集中しているようです。

これは、人の口や胃の中に入ったものはすべて身につくはず、という変な勘違いから始まったようです。異論があれば、食文化研究の中にもっと生理学や消化吸収学を取り入れて、「人の心と食とのかかわり」を明らかにしてほしいと思います。

ロボットに充電補給をしているような、いまの〝食品注入文化〟は、このままいけば、九〇〇〇年前の古代ヒッタイト文明（トルコ・アンカラ考古学博物館にはアットホームな食事風景の遺跡が残っている）よりも退化した食文化だったと伝えられるでしょう。

千数百年、アザラシの肉だけで生活してきたイヌイットの人たちや、南米の高地で栽培されたジャガイモだけで長く生活をしてきた多くの人々がいます。とくに健康補助食品などに頼らなくても、楽しく健康に暮らしています。

またチベットの奥地に行けば、いまでもヤギの乳と小麦粉のだんごの二食だけですましている人たちもいます。心豊かに楽しく食事を続ければ、不足した栄養分は自然と体内で醸造されるのではないでしょうか。

牛や馬、鹿や象といった自然界の大きな草食動物のたくましい筋肉や豊かな脂肪は、みな雑草食から得たエネルギーを分解吸収してつくられたものです。自然界の動物たちがサプリメントを補給していたという話は聞いたことがありません。

人もまた雑食性ですが、植物性食物の大切さは本質的なものです。忘れてはいけないのは、すべての生物のはるかなる祖先は植物だったという事実です。

人の食生活とは、つまり植物をどのようにうまく体内に取り入れ、うまく消化吸収するかということなのです。そのとき、大きな役割を果たすのが〝おいしく食べる心〟です。

心が梅干しを食べたいと思うと、瞬時（〇・二秒）で唾液がそれに適応する成分に変化します。魚を食べようと思えばまた瞬時に変わります。自律神経が消化器官を働かすわけです。

周産期の食事は子どもの一生の土台づくり

「こんにちは、赤ちゃん」

生まれたばかりの赤ちゃんが、もみじのようなかわいい手を振り回してお母さんを求めます。抱きしめると胸元からオッパイを探しだし、乳首に吸いついて授乳が始まります。人としての食事のはじまりです。

医学的には、妊娠二〇週から誕生後一週間の期間を「周産期」といいます。しかし〝心の育て方〟を考えた場合、子どもの心は妊娠初期から誕生後三歳までに育成されることが多いので、私は妊娠中も加えての四年間を「心の周産期育成期間」と伝えてきました。文字どおり〝お産の周りの期間〟という意味です。

授乳がはじまるのと同時に、心を育てる食事もはじまります。赤ちゃんは、お母さんの温かい胸に抱かれ、もちろん栄養も受け入れながら、「安心と信頼」のエネルギーも心に受け入れています。母乳育児が大切なのは心を育てるからです。もしも、ほ乳びんで授乳されるときはぜひ同じ姿勢でしてください。

母乳育児の大切さはどなたでもいわれていますが、母乳のもつ初乳からの免疫性や栄養面が強調されすぎています。もっとも大事な、飲ませ方、食べさせ方による母子信頼関係の構築が二の次にされているのです。

WHO（世界保健機関）が「赤ちゃんにやさしい病院」（自然分娩、母子同室、母乳育児）と認定した産婦人科病院が、いま日本では二五カ所あります。筆者が八年前に調べたときは四カ所でしたから、少しは増えたようです。

母乳育児で気をつけたいのはお母さんの食べ物です。母乳は血液と同じものですから、お母さんが食べたり、飲んだりしたものがすぐに母乳から出ます。お母さんがコーヒーを飲んだ瞬間に、コーヒー味の母乳、つまりミルクコーヒーになります。

さて、誕生後一〇〇日も過ぎると、いよいよ離乳の時期になりますが、お母さんの中にはこのときの対応を間違える人がいます。

普通食への切り替えは、それまでの習慣の変更ですから、赤ちゃんは心に大きな負担を感じます。あせって乳房にお化けの絵を書いたり、乳首にカラシをつけたりといった、〝脅しと嫌がらせの断乳〟はけっしてしないようにしましょう。赤ちゃんであっても、その不愉快さはいつまでも、お母さんに対しての不信感として残ります。強制的な断乳は心にキズを残すのです。

乳離れできない大きな原因の一つに、皮膚接触の不足があげられます。皮膚接触が足りないと、赤ちゃんの心が欲求不満になってしまうのです。まず触れ合いを増やしましょう。

つぎに、お母さん自身で母乳を飲んでみて、その味質を参考に離乳食をつくりましょう(大人にはあまりおいしくありませんが)。ただ、母乳は誕生後毎週のように成分が変化しているので、三カ月以降の母乳の味質でないと、あいませんから注意してください。

そして食感です。固い、柔らかい、ザラザラ、トロトロ、赤ちゃんの食感にあうようにつくりましょう。

離乳食は子どもの将来の食感味覚を決めますから、できるだけお母さんの手づくりを食べさせてください。糖分は控えめに薄味が基本です。野菜もトロトロと一緒に煮込み食べさせましょう。離乳食がおいしければ自然と普通食に移行します。

乳幼児期の食事のさせ方は、その子どもの将来の情緒と性格の育成に影響します。他の時期よりも慎重にしましょう。

まず食べ物の味ですが、原始食にある味の塩辛いもの、甘いものは、強すぎると子どもの情緒をイライラと不安定にし、性格をせっかちにします。食べ物の味は乳幼児の心に響くので、できるだけ薄味にしたいものです。

とくに乳幼児には、ジュースなど甘すぎるものは避けましょう。強すぎる甘みは味蕾《みらい》という舌の上面にある味の受容器をマヒさせ、成長を遅らせます。またそれだけでなく、強い糖分は骨を形成するカルシウムの吸収まで妨害します。

子どもも児童期になると、酸っぱい、苦い、渋い、などの近代食の味を理解してきますが、味蕾が未発達の場合は、原始食の味（甘辛いもの）しか受け入れません。周産期の食べさせ方が大切な理由はここにもあります。

現在の市販されている加工食品のほとんどが原始食の味に近いのは、それが売れているからでしょう。子どもは食べ物の味がわからなくなっているのです。

栄養や衛生面ばかりに偏向している、食品関係者の利益優先の方針が、子どもの食べ物への未来（味蕾）を失わせているのではないでしょうか。

私たちの国の砂糖の消費量、食塩の消費量は世界のトップクラスですが、あまり感心したことではありません。この原始味の使用量の多さは、そのまま成人病の多さにつながっているからです。

近年、高血圧、糖尿病、心臓病など成人病の症状をもつ児童が増えてきています。周産期の子育てにおける食事のさせ方が、子どもの悪い食習慣をつくっていることも一因だと思われます。

子どもの食事に関するお母さんの悩みは、偏食と少食が多いようですが、偏食はもともと離乳食の与え方の不調和から始まっているのです。直すにしても、周産期なら矯正しやすいのですが、児童期になるとある程度時間がかかります。

子どもが児童期の場合は、その子の好きな食べ物に嫌いなものを少しずつ混ぜます。このとき食感をうまく使います。味やにおいも好きな食べ物と同じになるようにします。子どもとお母さんの知恵比べ、根くらべです。

また少食の問題は、まず、子どもが健康体であれば、運動不足に原因があります。赤ちゃんでも運動不足が多くありますから、一緒に遊ぶとかして決まった時間運動をさせます。さらに幼児は、とくに運動が必要です。体を動かさせることを考えエネルギーを消耗させます。空腹を演出すれば、すぐに食べるようになります。

周産期の食べさせ方が、子どもの将来の心と体の健康の方向を決めているのです。お母さんお父さんはぜひ、いまの社会の食習慣に流されない、楽しい食生活を子どもに与えてあげてください。

食材より大切な「食べさせ方」

これまでわかりやすく〝食べ物〟と伝えてきましたが、実際には、私たちは〝物そのもの〟を食べようとしているわけではありません。とくべつ魚を多く食べたからといって水泳がうまくはならないし、大根をたくさん食べたせいで大根足になりましたという話も聞いたことがありませんね。

私たちは、その物に含まれた〝栄養エネルギー（気）〟を消化吸収するために、食べ物を口に入れているのです。

ところが近年、化学物質という嫌な添加マイナスエネルギー（邪気）がほとんどの食材に含まれるようになりました。進歩という名の食糧増産と品質改良、利益追求のための変種製造はとどまることを知りません。いまや食べ物は、いのちの保存と成長のためというより、経済発展のための商品として市場に氾濫するようになりました。

この邪気だらけの便利な加工食品や食べ物を無選別に食べつづけることは、慢性的な自殺行為になりかねません。

心あるお母さんは、せめて自分の子にはこのような食物を食べさせたくないと、自然栽培や無農薬、無添加の食材を探し求めています。

子どものために安全な食材を選びたい、それはお母さんとして当然の願いです。子どもの心身を守るのは「自然が与え、受け継いできた母なる使命感」からでもあります。

ただ、こういった中でいま忘れられているのが「食べさせ方」の知恵です。

アンデスの山中では現在も、ジャガイモだけを食材とする調理の仕方が受け継がれているそうです。主食として蒸し、スープとして加工し、副食として焼き、干して漬物にする。一〇〇〇年も前から続く「食べさせ方」の知恵です。

邪気だらけの食材が氾濫するなら、「食べさせ方」の工夫をしましょう。もちろん煮ても焼いても消えない、邪気含みの食材は避ける以外にありませんが。

竹の子のあくを抜く。腐りやすい魚を干物にする。野菜をいつも食べやすいように漬物にする。すべて自然な「食べさせ方」の知恵です。防腐剤などの化学薬品を添加した不自然な食品は、ただ売らんかなの「食べさせ方」の悪用です。

食材を選ぶなら味にこだわらず、できるかぎり季節に合う自然な野菜、腐りやすい豆腐や、不細工なキュウリ、ワックス塗布しないツヤのない果物や、見ばえのよくない自然な形のものなどを選ぶこと。これが食材選びのルールです。

食品に薬品を添加する理由は、商品価値を上げるため、つまり〃色よく形よく長持ちして安い〃商品をつくるためですから、その反対のものは添加しても割に合わないのです。

「食べさせ方」を工夫するにあたっては、まず〃食べるための体づくり〃ということを考えてみましょう。

〃食べるための体づくり〃では、生物生理のルールに従うことが重要です。

1．快い動き
2．快い眠り
3．快い排泄
4．快い食事

これが〃食べるための体づくり〃の順序です。この順序を間違えているお母さんがいま非常に多くなっているのです。

偏食、小食、過食、暴食、拒食といった子どもの食べ方で悩んでいるお母さんの多くは、4から逆にやってしまっているのです。いまいちどルールに戻ってほしいと思います。細胞の代謝機能を見ても、はじめに動きありです。

私たちの体は、約六〇兆の細胞でできていますが、すべての生物が動いているように、この最小単位（一〇〇〇分の数ミリ）の細胞も活発に動いています。無生物は動きません。まず、子どもを快く動かすこと。快い運動こそが〝食べるための体づくり〟の第一歩です。

乳幼児はとくに、快さをおり込んだ動きが必要です。お母さんが抱き上げ、ほほずりし、一緒になっていつも遊んであげた赤ちゃんには、食の悩みは起こりません。

もしこの動き、つまりエネルギーの消費がないのに食事を与えつづければ、子どもは消化不良を起こすかエネルギーの過剰蓄積となります。〝食べるための体づくり〟とは、簡単にいうと子どものおなかを空かしてあげるということです。

子どもが健康であれば、気持ちよく動かし、眠らせ、排泄させれば、自然に正しく食べるための体がつくられていくのです。

つぎに〝食べるための心づくり〟についてお話しします。心楽しく食事をするには、準備もふくめて心楽しく料理をつくることが大切です。

お母さんの中には下手だから料理が嫌だという人もいます。なにかに不満のある人の料理は、いやいやつくるので不揃いになり見た目が悪く、味も濃すぎたり薄すぎたりと極端になります。腹を立てて料理すると動作が荒くなるのです。

料理上手になるには、まずなにかの不満を解決します。つぎに食べさせたい相手を大好きになりましょう。簡単ですが、これでたいていの料理はおいしくなります。好きな相手（子ども）に心楽しく食べさせたいと思うこと、これが料理上手になるコツです。

味つけは大別すると、塩辛い、甘い、酸っぱい、苦い、渋い、辛いの六種類ですが、すべて濃くなりすぎると失敗します。舌の味蕾がマヒして、好き嫌いを増幅させ、子どもの場合は偏食の原因をつくります。

食べさせる味の順序は、はじめは薄味、中ほどは普通味で、最後は薄味がルールです。以前「わたしつくる人、あなた食べる人」などという広告コピーが流れて、なんだかんだと話題になりました。たしかにこれでは楽しい食卓はつくれないでしょう。

よい「食べさせ方」には、食卓の準備、食材選び、料理の仕方、後片づけのすべてに協同の意思と参加が必要なのです。お父さんもお母さんも子どもたちも一緒になってお手伝いをして、楽しい食卓の雰囲気づくりをしましょう。これが「食べさせ方」のルールになります。

第3章

「会話」のルール

子どもが受け入れる言葉、拒否する言葉

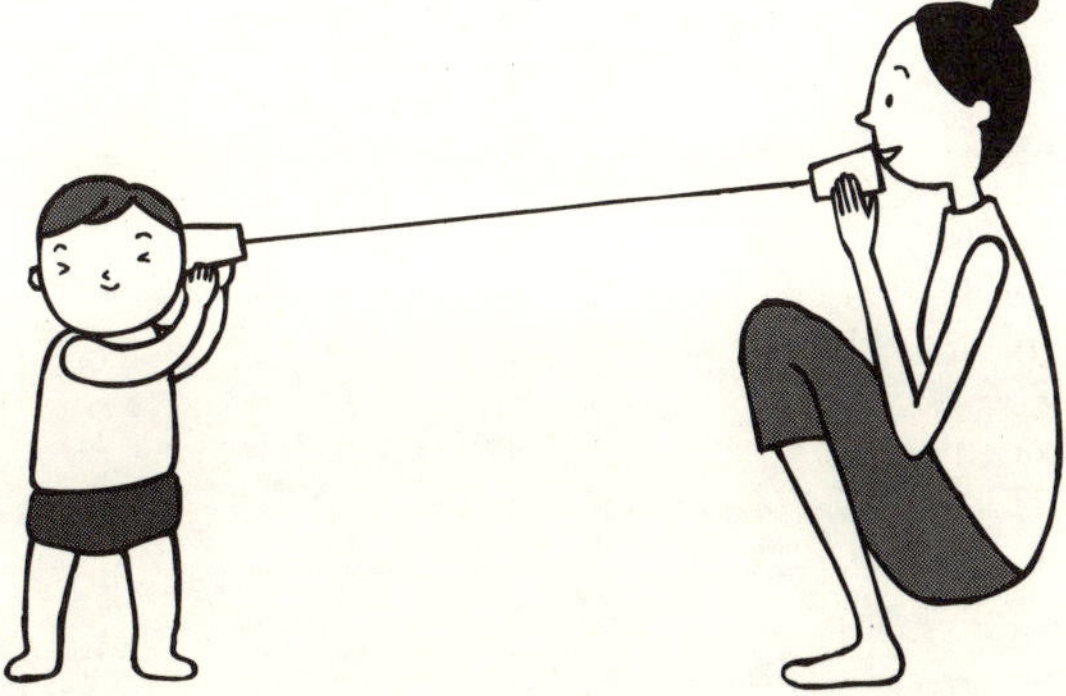

お母さんの言葉づかいが、子どもの言葉を育てる

創世記にある「はじめに言葉あり」は有名です。人類はいつごろから言葉を使いだしたのでしょうか。有史以前二〇万年ごろからという学説もあるようですが、さだかではありません。

私たちは生まれた直後「オギャーオギャー」と産声をあげますが、あれは言葉というより、誕生を周囲に知らせる合図でしょう。羊水内での呼吸から肺呼吸への切り替え音だという説もあります。

その後は、お母さんや周りからの刺激（話しかけ）により、見まね聞きまねで言葉を覚えて発声しているように見えます。お母さんが「かわいい〇〇ちゃん、おはよう」と話しかけると、赤ちゃんはお母さんの顔をじっと見て「アウゥ、アア」と喃語《なんご》で答えます。

赤ちゃんは、お母さんの言葉か別の人の言葉かが、生まれた直後からわかるのです。ど

こでお母さんの言葉を聞いたのでしょうか。そうです、すでに赤ちゃんは胎児期に胎内で覚えてきたのです。

妊娠中のお母さんによる胎児への「やさしい話しかけ」は、胎児の潜在意識に記憶されているのです。胎児はお母さんの声の振動をはっきり感じています。意味はわからなくても、お母さんの愛は感動で伝わっています。

言葉のはじめの目的は、意味を伝えることよりむしろ、愛情の交歓でした。意味のない赤ちゃん言葉の喃語を英語で「ラブ・トーク」といいますが、実は男性と女性の〝睦言〟にも同じ言葉が使われています。これは偶然ではありません。

自然界の他の動物、鳥や昆虫も、同族間の愛情の確認や意思疎通に、音声（振動）を使っています。また異性間の呼びかけなどの繁殖行動にも音声（振動）を使っています。言葉はもともと、親しい同士間で「感動と用件を伝える」目的で生みだされた手段だったわけです。

いま私たちが使っている言葉にも、当然、この感動と用件は含まれているはずですが、どうでしょうか。感動抜きの、用件だけの言葉が蔓延している気がします。

子どもの言葉を育てるときは、言葉づかいの意味を、しっかりと伝えてほしいと思います。

たとえば、お母さんが、幼児にお手伝いを頼むとき、「○○しているのに悪いけど、ちょっとテーブルを拭くお手伝いして。お母さん助かるわ」と明るい調子でやさしくいえば、子どもはすっと受け入れます。

「○○しているのに悪いけど」が、子どもの心を思いやるお母さんの気持ちを表しています。

「テーブルを拭くお手伝いして」が願う用件です。

「お母さん助かるわ」は手伝いに感謝する喜び。

この伝え方の形を、子育て上手のお母さんは自然に使っています。

子どもは感性で、言葉を受け入れるか拒否する（聞き流す）かを判断しています。お母さんの言葉に感動が多く用件が少なければ素直に受け入れます。

「遊んでばかりいないで、テーブルを拭くお手伝いをしなさい、ちゃんときれいに拭くのよ」というお母さんもいます。これでは子どもは感動しません。言うことを聞いたふりをしても、いやいやです。心が拒否するのです。

このような言葉づかいでいつも刺激されていると、子どもの心には言葉に対するおびえが根付きます。言葉が怖くなるのです。

もともと人の心は快い状態を求め、不快を避けたがるという自然のルールがあるので、怖く不快な言葉は使わないほうがいいのです。

三歳の男の子のお母さんから、「うちの子は言葉が遅れていて弱っています」という相談がありました。その子と話をしてよく聞いてみると、別に言葉数を知らないわけではなく、しゃべりたがらないだけでした。こういう例は多いのです。

言葉に心を傷つけられた子どもは、自然と自分の殻に閉じこもりだします。言葉の数は多く知っていても、使い方しだいで相手の心を傷つけはしないかとおびえるからです。

その後、このお母さんが言葉の使い方を改めて子どもに接するようにしたところ、おびえが消えたのでしょうか、子どもは突然、延々と三〇分近くしゃべり続けたそうです。

「こんどはうるさくて参りました」と、うれしいような、閉口したような連絡がきました。

感動の多い会話を心がけよう

子どもがなにをいっても聞きません。

「あーぁ、○○ちゃんなんて産まなければよかった。お母さんのいうこと一つも聞かないのね、大嫌い」

これでは、子どもはワァワァ大泣きしだしますし、お母さんもヒステリー状態になってしまいます。

よくある状況ですが、お母さんが心にもない言葉を使ったときの一例ですね。

言葉はお母さんの心を子どもに伝える手段ですから、使うお母さんに心がなければ、伝わるものがありません。心にもない言葉など存在しないのです。これを〝ウソ言葉〟といいます。

また、子どものアラ探しをして欠点を次々とあげ、「チビで、ノロマで、バカみたい」

と、子どもに心ない言葉を浴びせているお母さんもいます。

心ない言葉というものも存在しません。そんな言葉を使っているお母さん自身に、子どもの長所を見つけだす心の大きさがないだけです。これを〝ケチ言葉〟といいます。

子どもの言葉を育てるお母さんの言葉づかいの中で、もっとも使ってほしくないのが、この〝ウソ言葉〟と〝ケチ言葉〟です。子どもの心に生涯残る傷を与えるからです。

言葉は心を伝える手段ですから、まず伝えたい心が大切です。

子どもとの会話で自分がしゃべりまくるお母さんがいますが、あまりよくありません。子どもの言葉を育てたいのなら、聞き上手になることから始めましょう。

子どもの話し方にうなずき感動する、下手な言葉づかいでもこだわらずにまじめに受け入れる。お母さんの感動した聞き方は、子どもの言葉を大きく育てます。

幼稚園帰りの子どもの話。

幼児「お母さん、道でね、子ネコを見たよ。ミャアミャア泣いてかわいそうだったよ」

お母さん「そうなの、どうしてかわいそうだと思ったの」

幼児「だってね、ママがいない子ネコが三つ、泣いていたから」

お母さん「そう、やっぱり捨てられたのね、かわいそうに」

というふうに、そのときの子どもの悲しい心をまじめに受け止めます。この受け入れ方が子どもの心を育て言葉を育てます。感動こそ子どもにとって最良の刺激になるからです。

公園で中学生らしい女の子が、携帯電話で夢中になって話をしていました。聞くともなく聞いていると、用件などはないようで「いまなにしているの」とか、「昼になに食べた」とかどうでもいいような会話を延々としています。

筆者などは、よけいなお世話か、通話料金の心配をしたりしていますが、これもやはり友だちとの心の連帯を求め、感動を伝え合っているのでしょう。案外どうでもいい言葉や会話の中にこそ、伝えたい心が素直に含まれるからです。

子どもも幼児期から児童期と成長すると、だんだん親子の会話が少なくなってきます。それは会話に含まれる心の感動が少なくなり、用件のみが多くなるためなのですが、お母さんたちはあまり気づかないようです。

「感じさせて動かす」、この言葉の伝え方のルールにしたがい、もっともっと親と子の間の〝どうでもいい〟会話を増やしましょう。

用件はなくても、「あら、今日はとっても元気そう。いい顔色だよ」、「ほんとう、そう見える」で、会話は成り立ちます。これでも、子どもの体調に気配りしているお母さんの心は、子どもの心に伝わるのです。

子どもになにか問題が起きると、大人たちは、さっそく集まってワイワイガヤガヤ、カンカンガクガク。親子の話し合いが不足しているとかなんとか、味もそっけもない話し合いが始まります。

実は用件だけの言葉の羅列は、子どもたちだけでなく、私たち大人でもうんざりしています。自動販売機の「ありがとうございます。つり銭をお忘れなく」という音声は、会話ではないのです。あれは一方通行の通告にすぎません。

いま、子どもたちを取り囲む言葉の環境には、あまりに感動がないのです。指図、命令、通知、指示と、ほとんどが一方通行で会話とはいえません。

その中身を改めずに、形だけの話し合いをいくら増やしても、子どもの心には通じないでしょう。

六感覚を使って子どもの感性を刺激する

〝目は口ほどにものを言う〟という、なかなかしゃれたことわざがあります。言葉には出さなくても、目の表情だけでこちらの気持ちを相手に伝えられる場合もあるということでしょう。だれかに複雑な意思を伝えたいとき、言葉があまり役に立たない場合もあります。私たちの六感覚（肌、耳、鼻、舌、平衡覚、目）が動員されるのはそんなときですね。

子どもの言葉を育てる上で、もっとも大事なのは、実は肌（皮膚）なのですが、これは案外知られていません。肌は口よりものを言うのです。嫌いな人が身近に寄ると「そばに来ないで、触れないで」と、言葉に出す前に皮膚が鳥肌立って知らせます。無音の言葉ですね。感覚器官で、もっともすぐれているのは皮膚感覚なのです。時には言葉を使わないで、肌と肌の触れ合いだけで意思を通じ合うこともできます。

お母さんが、黙って子どもを抱きしめ、ほっぺにほほずりしたりすると、子どもは言葉でいわれるよりも、お母さんに好かれていることを実感するものです。

言葉を育てるときは、この六感覚を使って会話することも子どもに伝えましょう。話し言葉には形として、振動があり、音があり、匂いがあり、味があり、歪みがあり、色もあります。いい会話にはいつも、お互いの感性に向けてこの刺激が含まれています。

以前、話芸の大家といわれた徳川無声さんの、こんな話を聞いたことがあります。

ラジオで本の朗読を収録しているときのことです。一度目の録音がすんで、無声さんがディレクターに「どうでした?」と問いましたところ「九九パーセントOKです」という答えが返ってきました。無声さんは頭を振って、一パーセントの不足が問題だといい、ではもう一回と再録音を促したそうです。これは、吉川英治の『宮本武蔵』の放送台本を収録したときのエピソードです。筆者もラジオで毎回楽しみに聞いていましたが、それはすばらしい朗読でした。これこそ聞く者の感性に響く話し方だと思いました。

子どもの言葉にこの感性を育てましょう。お母さんが日常の会話に心をこめていれば、自然に相手の感性を刺激する話し方になります。心ない言葉、心にもない言葉づかいをやめましょう。言葉の感性を失わせてしまうからです。

お母さんが日常使っている会話に「心ある言葉」を数パーセントずつでも増やしていくこと——それが子どもの言葉の感性を育てるためのルールになります。

子どもにお母さんの心を伝えるためには、まず、子どもの心を知らなくてはなりません。相手の心を知るには、耳ではなく心で聞くのです。六感を澄まして聞くことが大切です。そのとき、子どもの話に身を乗り出して聞く姿勢があれば、無音の言葉までも感性で受け入れることができます。

もしも、子どもが間違ったことを話したとしても、「うんそうなの、そう思うのもわかるなぁ」と理解します。これが言葉を受け入れる姿勢です。そのあと「○○ちゃんの思いはわかる、でも、こんな考え方もできるんじゃない」と、お母さんの思いを言葉にします。けっして押しつけや指図でなく、子どもの行動の選択肢を多くしてあげようとする言葉に、子どもの意思を大事にする心が含まれるのです。

子どもとの会話といえば、なにかを注意するときよく「あなたのためを思っていうのよ」といいます。でも、ほとんどの子どもは聞きません。自分の考え方だけが絶対正しいと思い込むと、相手の心を理解できなくなり、このような言葉になるのです。

実際に、この言葉には、子どもの感性への思いやりの心がありません。ただ、お母さんの意思どおりに子どもを動かしたいという、押しつけを子どもは感じるのです。

このようなときは、「お母さんのために、お願いね」と、頼むような言葉づかいに改めましょう。子どもは感性で受け入れてくれます。

第4章

「働き」のルール

子どもに〝働く喜び〟を感じさせる方法

楽しいお手伝いが〝働く意味〟を伝える

妊娠中のことを思いだしてみましょう。

妊娠二〇週にもなると、おなかの赤ちゃんが突然グルグルと動きだします。「ああっ、動いたわ！」。お母さんはつらかったツワリの苦労も忘れて、大喜びでおなかをなでたりしましたね。

これが胎児の人としての「働き」のはじまりです。「人に必要とされる動き方をして喜ばれ、感謝される充実感を感じること」が〝働く意味〟ですから、すでに、おなかの赤ちゃんは働きだしたのです。「働き」の意味を子どもに伝えるときは、ぜひ、このことを知らせてあげましょう。

胎児は体を動かすことで、お母さんに「元気で育っているよ」とメッセージを送り、安心感を贈りました。お母さんは喜んでおなかをなでることで、うれしいと感謝の答えを胎児に贈ったのです。

私たちの社会では、どれほどの収入が得られるかが、「働き」の価値の判断基準になっています。そのため、子育てで「働き」の意味を子どもに伝えるときにも、この価値観を押しつける風潮が社会にまんえんしてしまいました。

「働き」の価値を判断する際のほんとうの基準は、それがどれだけ多くの人に必要とされる動き方なのか、という点にあるのです。利益を得るのは、あくまでも二の次の話にしかすぎません。

すぐれた「働き」は、収入の多少とは関係ないのです。歴史上で大きな貢献をした人々を見ても、それはみごとに証明されています。

子どもの「働き方」を育てるには、まず家事のお手伝いから始めさせるのがいちばんです。しかし、いまは多くのお母さんが間違った働かせ方をしています。炊事や洗濯、掃除のお手伝いを子どもに頼むとき、いくらかのお小遣いを渡しているのです。

家族のあいだでの家事手伝いに、報酬を与えるのは誤った習慣です。〝働く意味〟を狂わせてしまうからです。子どもに家事手伝いをさせても、報酬は与えないようにしましょう。お母さんの感謝を最高の対価とするのです。

「そんなことをいわれても、子どもはいうことを聞きませんよ」

ある中学生のお母さんは、そう嘆きました。

そうですね。もう五、六歳以上にもなると自我と計算が働きだします。それまで支払っていたなら、その習慣は簡単には直りません。乳幼児期から「働き」の意味を伝えていれば、素直に子どもの心に入るのですが。

子育て上手のお母さんは、子どもが歩ける一歳ごろになると、食卓の準備から、掃除の後片付けと、目まぐるしく子どもに用事をさせます。ただし、指図や命令はしません。

「○○ちゃんがテーブルにお皿を並べてくれると、お母さんは助かるわ」です。

そして、手伝わせたあと、「まあ、上手にしてくれてうれしいわ、ありがとう」といいながら、キュッと抱きしめて感謝を伝えます。これが報酬です。

子どもの「働き」の報酬は、お母さんの「お願いね」「助かるわ」「ありがとう」の感謝の言葉です。この気持ちをケチらないで、もっと多く与えましょう。

乳幼児は、お母さんが喜ぶと「ボクでも働くと、お母さんを助けられる」と感じます。そのとき心に〝自信〟と〝やる気〟が生まれ、〝働く意味〟が根づいていくのです。

家事は、生活の技術を学ぶ第一歩です。オッパイを飲んでいるころから伝えましょう。子どもが自立していくのに必要な知恵は、家事手伝いから生まれるのです。

ある会社が、新入社員研修として山の家で自活させました。大学を卒業したばかりの二

○人ほどの新人たちは、夕食の準備になって、はたと困ってしまいました。米はあるのですがだれも炊いた経験がなかったのです。

一人が、「そういえば、炊く前にたしか洗っていたようだから、台所用洗剤で洗えばいいんじゃない」と、知ったかぶりをして、ほんとうに洗剤で洗って炊いたそうです。まあ、あまりおいしい夕食にはならなかったでしょうね。

知識は山ほど詰め込んでいても、生活に直接に役立つ働き方を伝えられていなかったのです。「働き」のほんとうの意味を伝えることは、自分を生かし、人を生かす知恵を伝えることなのです。

お母さんは、子どもに小さいときから家事を手伝わせましょう。遊びや勉強は、家事手伝いの合間にさせるのです。そして「ありがとう」を惜しまずに与えれば、子どもは将来も必ず、よりお母さんを大切にしてくれるようになります。

〝やる気〟のエネルギーに方向性を与えよう

あるお母さんが、中学生の子どもに「なんのために勉強するのか」と問われました。「それは、いい学校に入って、将来いい収入の会社に就職するためでしょう」と、そのお母さんは答えたそうですが、それでよかったのか悩んでいました。

子どもが学ぶのは、自分のためだけではありません。人々に必要とされる「働き」がよりよくできるように技能を習得することが、勉強の目的なのです。

「教育」は「知識」「能力」「才能」「技術」の四つの領域で構成されていますが、どの領域を学び、極めたとしてもこれは手段です。手段は道具にしかすぎません。

道具は、人に役立つような方向に使って初めて目的に合うのです。ですから働くには当然、方向性が大事となります。この方向を間違うと、働くとき必要な〝やる気〟というエネルギーがつくられないのです。

よく〝子どもは親の働く後ろ姿を見て育つ〟といわれますが、これはあまり当てになりません。子どもに「働き」の方向が見えないからです。子育てで、働く〝やる気〟を育てるには、正面から伝えなくてはならないのです。

〝やる気〟のエネルギーには方向性と角度があります。ベクトル計算も成り立ちます。

少々話はそれますが、五〇年ほど前、有名な家電メーカーが販売不振で傾きかけました。そのとき社長だった人は自ら営業本部長として各支店を回り、支店の社員と一緒になってお得意さんを増やして歩いたといいます。

指導者が先頭に立つとき、後に続く人へはエネルギーが一〇〇パーセント伝わります。真横で指図すると五〇パーセントですから、もしも真後ろでしていたらたぶん一〇パーセントも伝わらず、いまのビッグメーカーの地位が揺らいでいたかもしれません。

つまり、子どもの働く〝やる気〟を育てるには、お母さんの心と子どもの心が、直線で向き合うとき一〇〇パーセント伝わるということです。

勉強や働きに〝やる気〟のない子どもは、たいがい幼児期の育て方のミスで、干渉のしすぎが多いのです。過干渉は子どもの〝やる気〟を喪失させますが、お母さんたちの焦りに原因があります。

相談にみえるお母さんは、自分の子どもを他の子どもと比較して、「することがなにをしても遅れる」「のろい」「下手だ」「理解力がない」「話を聞きません」と、子どもの欠点をたちどころに十幾つあげられます。

そこで筆者が「ははぁ、そうですか。では同じ数だけ長所をあげてください」というと、お母さんは、「ええっ、長所ですかあ」と、目を白黒させて絶句してしまいます。

欠点だけの子どもはいないのですが、子育てに焦ると長所が見えなくなるのです。これが「子どもを後ろの方向からしか見ていない」ということです。焦りを捨て真正面から見れば、欠点が十幾つある子どもなら長所もそれ以上あります。

その長所や欠点を、まとめて愛し認めるのです。〝やる気〟のエネルギーはそれで伝わります。

子育てでもっとも大切なことは、子どものあるがままを認め愛することです。よい面だけしか認めないのなら、金融機関の融資査定と同じです。

あるがままを認められると、子どもの心に自信が生まれます。〝やる気〟の源泉です。ただ、そのエネルギーに方向性を与えることが必要です。働きか、遊びか、勉強か。方向がわからないと、エネルギーはどこに向かうかわかりません。

このときに焦ると、「勉強しなさい」「お手伝いしなさい」と、方向への過干渉が始まります。過干渉は指示や指図ですから、せっかく生まれた〝やる気〟を〝いや気〟というマイナスエネルギーに変えてしまうのです。

お母さんが、子どもの〝やる気〟によい方向性を与えるためには、「誘導」することがルールです。

空港の駐機場では、誘導灯を手にした誘導員が、着陸した旅客機を安全な位置に〝合図〟で誘導しますね。機長は信頼してそれに従います。「誘導」とは〝信頼された合図〟のことです。信頼関係がないと機長は誘導されません。

「○○ちゃんがお手伝いしてくれると、お母さんとても助かるわ。お願いね」

これが合図です。

子どもと信頼関係があれば、当然子どもはお母さんの方向に誘導されます。

グチをいわない、ケチをつけない、アラ探しをしない

「情けは人の為ならず」ということわざがあります。

変な誤解釈もありますが、「人によいことをしていれば、回りめぐって自分にもよいことがある」というのが本来の意味です。

人に役立ち、感謝される喜びで自身の心が満たされる動き方を「働き」といいますから、似たような話ですね。

でも、少し違うところもあります。べつに回りめぐらなくても、「働き」はすぐに心を満たすという点です。

どうして人の役に立つことをすると、心が満足するのでしょうか。少々面倒ですが生物生理学の世界をのぞいてみましょう。

私たち人の心身は、約六〇兆の細胞群が集まってつくられていますが、その細胞は一つ

ひとつ役割をもって活動しています。

各細胞は、血液で運ばれてきた栄養や酸素をつぎつぎと受け渡し、互いに役立ちます。この「働き」を膜動輸送（サイトーシス）といいます。

たんぱく質の集合体でつくられた、わずか一〇〇〇分の数ミリの微小な単細胞。これが生命の原点ですが、それぞれ自然が与えた意思をもっています。「感性」「性質」「記憶」の三つです。これは最新の細胞生理学では通説となっています。

ここで大切なのは「性質」です。

もともと生命の本質は、苦痛を避け快感を追求して生まれたものです。そのため共通した性質をもつ単細胞が集まり、私たち個生命体となりました。膜動輸送は助け合いの原点です。

周りに役立つ動き方をすると、個生命の全体に生理的快感が生じ、より快適な成長を促します。自然がすべての生命に与えた「働き」の感動的なルールです。

反対に、周りに苦痛を与える働き方をする異質な細胞が派生することもあります。これはガン細胞などといわれ、結果的に生命体全体を滅ぼします。自然に反した働き方は、その細胞自身も崩壊させていくのです。

ただ正常な細胞自体も、だいたい三年で分裂し新しい細胞と交代します。

そのとき自身の意思を次世代の細胞に伝え、たんぱく質に自己分解（アポトーシス）して消滅します。

この自己分解も他の細胞を生かすすばらしい「働き」です。

お母さんが「働き」を子どもに伝えるとき、この無報酬で消滅まで働く細胞群に、私たちのいのちが支えられていることをぜひ話してください。自然によって生かされている感動を知らせましょう。

子育て中のお母さんは、炊事や洗濯、掃除、買い物と、日々雑用に追われています。子どもが幼児だと足手まといになり、ついおもちゃやお菓子を与え、放りだしていることが多くなります。

しかし、お話ししてきたとおり、子どもの家事手伝いは大切な育児教育の場ですから、もっと子どもを働かせましょう。

たとえば洗濯物を干すときは、一、二歳の幼児でも「はい、次のシャツを渡して、アラ、よくわかったのねえ」と歌うように手伝いをさせてください。

このとき明るく、楽しく鼻歌まじりで働くことができれば、子どもにはとてもいい「働き」の伝え方になります。

反対にグチグチいいながら働いて子どもに手伝わせると、子どもにまでいやいや働くクセをつけてしまいます。

子どもに働く楽しさを伝えるには、「働き」のグチをいわない、ケチをつけない、アラ探しをしないの三つを守ることです。

子どもと一緒に働く場合はとくに、周りの大人も楽しく働くこと。楽しさづくりが、子どもの働く〝やる気〟を続かせるためのルールです。

いつも子どもに喜んでお手伝いさせるコツは、子どもの働きの合間あいまに「ありがとう、上手にできたね、助かったわ」の言葉かけを続けることです。

子どもが幼いときからこの習慣をつければ、大きくなったときお母さんを支える大きな力になります。

ただ、小さいころからこの習慣をつけていない子どもは、なかなかお母さんの思うようには動きません。

子どもの心になにか欲求不満がある場合はとくにそうです。まず、それを解決することが先決です。「心の見方」については第12章で詳しく述べますので、参照してください。

子どもの心に強い不信感があっても、動いてくれないときがあります。親に対する不信感は、ほとんどの場合愛情のすれ違いが根底にあります。親の働きかけの仕方に威厳、押しつけ、威嚇という脅しはなかったか、ということです。

もし、あったとすれば、「謝る」「頼む」「助けて」と、親が誠実な対応に変えることが、子どもによい「働き」の感動を呼び戻します。

✣第5章✣

「遊びと運動」のルール

子どもの〝やる気〟を引きだす遊ばせ方

「遊び」の目的は心の垢落とし

私たちのいのちを支える心の働きに、自律神経というものがあります。

自律神経は、交感神経と副交感神経からできています。これを自動車にたとえると、一方はアクセル、もう一方はブレーキの働きをしており、互いに連携して車を制御しています。

人は生きることで絶えずストレスにさらされます。自然から切り離された不自然な生活環境、仕事や職場での不満、家庭内での軋轢《あつれき》、周りの人や物事などとの不調和で、心はいつも、恐れ、孤独、悲しみなどの重荷（汚れ、垢《あか》）を背負わされています。

生きていくのには、絶えずアクセルかブレーキが要求され、踏み間違いもたまにあります。そのとき汚れがついてきて心を重くしているのです。

心の垢は当然、子どもも生まれたときからもっています。「遊び」は、この心についた汚れ落としが目的です。

垢を落とし心を軽くすると心にゆとりが生まれます。それによって、つぎつぎにやってくる悩みや苦しみを乗り越えられるエネルギーが補給されるのです。

「遊び」は、心の重荷を軽くし、ゆとり（余裕）をつくるために自然が与えたものです。

お母さんの中には、「遊び」になにか罪悪感をもっていて、「遊んでばかりいないで勉強しなさい」と「遊び」を毛嫌いする人もいます。

しかし、「よく遊びよく学べ」といわれるように、古くから遊びの大切さは伝えられています。

子どもの「遊び方」を育てるとき、方向を誤って伝えると、心の垢は落ちるどころかかえって積み重なる場合があります。それが毛嫌いの原因にもなるのでしょう。

よい「遊び方」の原点は、お母さんが赤ちゃんを連れて、野や山の自然と向き合う、つまり自然の息吹と触れ合わせる方向です。いわゆる公園デビューなどのときにも、自然との交わりのほうを大切にすればよいのです。

ところで、子どもの「遊び」の中に、「友だちづくり」や「運動」を、混同しないようにしましょう。

それぞれ方向の違うものをごっちゃにすると、子どもは混乱します。「遊び」のよい方向を見失い、心に負担を重ねてしまうからです。

さて、幼児が公園の砂場で遊んでいました。同じ年ごろの子ども二、三人も一緒です。お母さんは少し離れて見守っていました。

そのうち、お母さんは、「あれあれ砂だらけ、やめなさい」と、わが子をそこから引き離します。幼児は遊びたいと泣きだします。

よくある話ですが、このようにお母さんの都合でやめさせるときは、事情（お父さんが帰ってきたとか）を子どもに納得させましょう。

でないと、ゆとりづくりのつもりが逆に、子どもの心を萎縮させる「過干渉」になってしまいます。

子どもにとって「遊び」は、心の土台づくりになる大切なものです。大人の思いの一〇〇倍も、子どもは真剣に「遊び」に取り組んでいます。見るもの、聞くもの、触れるものすべてが成長への材料です。切り離しは納得ずくでしましょう。

また、子ども同士での「遊び」の中で、おもちゃの取り合いなどのトラブルが起こり、お母さんたちの悩みの種になっています。実はこの問題は、「遊び」の範囲ではなく、「情緒」や「性格」の領域の問題なのです。

子どもは情緒が不安定になると欲求不満になり、〝もの〟に強くこだわり執着するようになります。おもちゃにしがみつくのが自分の子どもだったら、その欲求を満たしてあげればトラブルは解決します。

しかし、それが他の子どもだったら、その子のお母さんしか直せないと知りましょう。子どもは「遊び」に全身でぶつかっていきます。そのとき心もすべて現れるので、他人でも判断がしやすくなりますが、その子の心のことは、その子のお母さんに任せるしかありません。

以前、筆者が小学一年生の子どもたち一〇〇人に「嫌な思い、悲しい思い、つらい思いをさせられた相手は?」と聞いたところ、九一人の子どもが「お母さん」と答えました。

さらに、「大好きな相手は?」と問うと、それも九三人が「お母さん」と答えました。プレッシャーを感じる相手はお母さんだということです。

やはり、子どもにとってお母さんの影響力は、大変なものだということがわかります。

子どもの幼いときの「遊び」が、過干渉を受けずに素直に伸びていくと、成長してからの「遊び」は、自分だけで楽しむのではなく周りの人も楽しませて遊ぶ、という方向に向かいます。

「遊び」のほんとうの目的は〝心の垢落とし〟ですから、当然、大人になってからも必要です。

自然との交わりの中で、周りの人も楽しく、安らぎと憩いを求めるという方向に行けば、
子どもの心も大人の心も、軽くいきいきとしていくものです。

〝丸い動き〟が子どもの心身を育てる

近ごろ、体づくりのためと体操教室やスイミング・スクールなどに、子どもを通わせるお母さんたちが増えています。体づくり運動そのものはいいのですが、あまり過熱すると不健康づくりになる恐れがあります。

健康づくりの教室で子どもを指導するインストラクターが、たいてい競技運動のベテランだというのも気がかりの一つです。

運動は大きく三つの分野に分かれます。

一つは、オリンピックや世界選手権などで知られる競技スポーツです。これは体力や技能の極限を追求し、人のもつ力と美しさを競う運動です。当然、健康づくりは二の次です。

つぎは、プロスポーツです。ある人が、「私はスポーツが大好きで、いつも競技場で手に汗を握っています」と自分も運動しているつもりになっていました。しかし、野球にしても、サッカーにしても、見るスポーツは、見る人の体づくりにはなりません。

三つめは健康づくりの運動です。子どもの体づくりにしたい運動はこれです。健康づくりの運動は、前の特殊なスポーツと違って、ごく一般的なルールがあります。

それは、好きで楽しく、無理をしない、体力に合わせる、記録の競争をしない、自分をしごかない、見栄でしないの六つのルールです。

健康のためにと、近所で早朝ジョギングをしていた六〇歳ぐらいの男性が、ぱったり姿を見せなくなったのでわけを聞いてみると、昨日は四キロ、今日は五キロと毎朝自己記録を目指し、距離を伸ばして走っていたら、一〇キロになったところで倒れたそうです。

また、七歳の女の子を近くの水泳教室に通わせていたあるお母さんは、子どもがカゼで熱があるのに「カゼぐらい泳げば治るよ」と、尻をたたいて送りだしたという話。そのあと、子どもは肺炎になって大騒ぎ。教室の月謝より高くついたとぼやいていました。

ここで、健康とはなにかを考えてみましょう。

出産のとき、お母さんがまず知りたいのは、生まれた赤ちゃんは元気か、体に異常はないかですね。これは、すべてのお母さんたちの願いでもあります。

ただ、しばしば赤ちゃんの身体の形にとらわれすぎて、赤ちゃんの心身のバランスにまで気を配るお母さんはなかなかいません。赤ちゃんは意思をもって誕生してきました。その心に配慮が少ないのです。

〝心身の健康づくり〟とは文字どおり、心の健康と体の健康が、バランスよく調和する状態をつくりだすということなのです。

子どもの健康づくりでは「動き」が大事になります。自然界の「動き」を見ると、自然はきれいに丸く動いています。マクロの宇宙からミクロの分子の動きまですべて円運動です。

自然に生かされてきた人も、運動するときは当然、連続する丸い動き方が強いいのちを育てます。ほとんどは家事手伝いの「動き」の中にありますが、幼稚園や保育園の遊戯などの動きにも取り入れられています。園児が一緒に手をつないで輪になって回るなどのあれです。

丸い動きは、もともとの形に戻る安心感があるので、子どもは喜んでするわけです。直線的な動きや断続する動きは不自然ですから心を不安にします。子どもの心身の健康づくりにはあまりすすめられません。このような運動には、突く、叩く、押しつける、蹴飛ばすなど、子どもの嫌がる動きが多くあるのです。

お母さんが幼児と一緒に遊ぶときには、〝丸い動き〟で運動すれば子どもの心身づくりによい効果が出ます。

お母さんが立った状態で子どもと手を握り合い、ぐるぐる回ると、子どもは浮き上がり、キャッキャッといって喜びます。

子どもの心身の健康づくりには、このような心も楽しくする動きの多い運動をすること——これが運動のルールになります。

また、お父さんが子どもとキャッチボールをするときは、何回ストライクを出したか、などにこだわらないようにしましょう。動き方の上手下手をいいだすと、子どもの心に〝いや気〟が起きます。

健康づくりの〝やる気〟を引きだすには、子どもの懸命な努力を認めることです。

子どもに〝快適さの予感〟を与えよう

子どもの「遊び」は「運動」と同じだと思い込んでいる人がいます。しかし、まったく同じ動きであっても、「遊び」の目的と「運動」の目的はまったく違うものです。

前にお話ししたように、「遊び」は心の垢落とし、つまり心の洗濯をして心を軽くするためのものです。一方「運動」は、健康な体づくり、つまりいのちの成長を促して体を強く丈夫にするためのものです。

ですから、お母さんは「遊び」と「運動」の考え方と動き方の違いを知りましょう。もちろん、この二つにはいくつかの共通点もあります。

一つ目は「遊び」にも「運動」にも、職業的な〝訓練〟や〝強制〟を持ち込んではいけない、ということです。それはまったく別の領域の話だからです。

二つ目は、子どもが嫌がることをさせてはいけない、ということです。「遊び」でも

「運動」でもいやいや続けていると、子どもの心を萎縮させ体を壊します。それでは始めた目的から外れてしまいます。

ところで、プールや海では、泳ぐ前にかならず軽い体操などをして体を慣らします。ウォーミングアップですね。だれでもちょっと変わった動きを始めるときは、いちおう体の準備をしています。それなら「遊び」や「運動」を始めるときも、心の楽しさづくりの準備運動が必要ではないでしょうか。

〝楽しさ〟は快適さの継続から生まれますが、その予感や予測でも起こります。心の楽しさの準備運動とは、快適さの予感と予測のことです。

子どもを連れてハイキングや遊園地へ出かけるにしても、子どもに快適だと思わせることが、楽しさを伝えることになります。

子どもに「遊び」とか「運動」をさせる前から、〝快適さの予感〟を伝えましょう。そして実際に行動したとき、子どもは楽しさを実感します。〝快適さの予感〟を与えること――これが、子どもの〝やる気〟を引きだすためのルールです。

近ごろは道具がないと運動できないという人が増えてきました。道具もなかなか高価なので家庭でそろえるのは大変です。そこで、遠くのスポーツ・クラブやフィットネス・クラブまで出かけて運動しているようです。

スポーツ・クラブの高価なマシンで汗を流していた若者が、帰りの電車ではくたびれているのかシルバーシートで居眠り。駅に着くと階段を避けてエスカレーターにとびつく。不思議です。

自然な「運動」は、日常生活の階段の昇り降りにもあります。「遊び」にしても「運動」にしても、高価な道具に頼るほど、見栄は満足しますが心は歪んできます。

子どもの体づくりを目的とした「遊び」や「運動」には、見栄と欲（新記録のような）を持ち込まないようにしましょう。不自然ですから心は楽しくなりません。

自然と調和する動き方をすることが、すぐれた体づくりのルールです。

大昔、人は二足歩行になって頭脳が進化しました。歩くことは、自然が人に与えた「運動」の原点です。

五〇年ほど前までは、幼稚園や保育園、小学校でも徒歩による遠足行事がありました。いまのような電車やバス、時には飛行機まで乗り継いでいく観光行事ではありません。もっと自然との触れ合いを重視し、深めるための行事でした。

子どもをもっと歩かせましょう。歩くのに道具はいりません。楽しく歩かせれば、子どもの頭はもっと賢くなります。

子どもの健康づくりにおける思い違いを見直しましょう。私たちは健康というと、なに一つ病気や疾患がないことだと思っていますが、実際は違います。生まれた瞬間から老化は始まっています。完全な健康体など夢のまた夢、ありえないのです。

健康な体づくりとは、一つ二つの疾患があっても、それを受け入れて心との釣り合いをもつことです。〝元気〟という言葉は、もとに気があると書きますね。病気になるか、元気になるかは、気（心）の力しだいということでしょう。

あの有名な蟹江ぎんさんが、一〇〇歳の誕生日に、記者の質問に答えていました。

ぎんさん「病気もいろいろしましたが、くよくよしなかったのです」

記者「いまも心配ごとはないのですか」

ぎんさん「いまはあります。老後が心配です、うふふっ……」

このユーモアとたくましい気力こそが、いのちをいきいきと育てるのです。

第6章

「友だちづくり」のルール

子どもの自信と社会性を育てる方法

子どもの自信は〝親への信頼感〟が育てる

心身ともに健康に育っている、生後二、三カ月の赤ちゃん二人を同じベッドに寝かせます。すぐに二人は意識して見つめ合い、「あぁう、うぅあ」とか、赤ちゃん言葉の喃語《なんご》で話しながら近寄り、触れ合おうとします。

人は生まれたときから友を求め、社会性をつなごうと動きます。これは自然から与えられた「親和力」による働きかけです。親和とは、社会性、集団性といった意味です。自然界の過酷な環境の中で、弱いいのち同士が共に助け合い、支え合って生き抜くために、自然はいのちに「潜在記憶」として〝集団協力のプログラム〟をインプットしたのです。

近ごろ、子育て中のお母さんに、「うちの子には友だちがいません。いつも一人で遊んでいます」という悩みが多くなってきました。これは「親和力」の弱さに原因があります。

子どもが成長し、幼稚園や保育園、学校教育と進みます。さらに自立し、社会生活に入るときに、いつも重要になるのがこの「親和力」です。「親和力」は、はじめは小さいものですが、乳、幼児期の子どもに接する、お母さんの育て方しだいで強く大きく育成していきます。

上の子が三歳にもなると下の子が生まれます。お母さんも大変ですね。赤ちゃんの世話をしながら、上の子の面倒もみなければと、休む暇もない毎日が続きます。

赤ちゃんのおむつを替えている最中に、急に上の子がベタベタとお母さんにまとわりつきだします。そのとき、「お兄ちゃん、じゃまだからあっちへ行って」と上の子を追い立てていませんか。これが上の子の「親和力」を萎縮させてしまうのです。

上の子は、それまでもっていた〝自分は愛されている〟という自信を失い、お母さんへの信頼感が薄れだします。きっとお母さんは「私は子どもを二人とも愛しています」というでしょう。でも、上の子の思いとすれ違っていることに気づいていないのです。

子どもの「親和力」は、子ども自身の「自信」をつくることから始めます。子育て上手のお母さんなら、こんなときは「あら、お手伝いしてくれるの。じゃあ、あのおむつもってきて」と協力させて、「お兄ちゃんが助けてくれてうれしかったわ」と感謝して抱きしめます。

これによって上の子に、「自分でもお母さんは必要なんだ」という自信が生まれます。この自信がお母さんへの信頼感を強くし、「親和力」をつくりだすのです。

幼児でも、自分は周りの人々に愛されているという信頼感、さらに、自分も周りの人々の役に立っているという自信をもてば、「親和力」は強く大きく育っていきます。

子どもの「親和力」を育てるには、実は、お母さん自身の「親和力」が必要です。お母さんが周りの人々に信頼感をもち、いまの自分の生き方や子育てに自信をもてば「親和力」は大きくなります。その「親和力」が子どもからの信頼感をもつくるのです。

もし、お母さんが人々に不信感をもち、子育ての自信も不安定にグラグラしていると、当然「親和力」は低下し、子どもの「親和力」を育てることも困難になります。お母さんが情緒不安定になると、子どもも情緒不安定になるのと同様です。

少し話は変わりますが、私たち生物は、すべてこの「親和力」で寄り添い、助け合って生きていますけれど、不思議なことに無生物にもこれがあるのです。

化学の世界では、ある物質と別の物質が化合しやすいとき、つまり、引っつきやすい場合は「親和力が強い」といいます。これは分子間引力のせいともいわれています。

ここから考えると、人がもっている「親和力」にも、引力の働きがあるように思われます。

しかし、無生物と違って、生物である人には「意思」があります。意思の中にある、引きつけるエネルギーとは、やはり、愛情がつくりだすものでしょう。周りの人々への愛情、子どもへの愛情です。愛は、すべての生物の意思の中にある「親和力」を、より強化するものではないでしょうか。

成長した子どもは社会に踏みだし、幼稚園、保育園から小学校へと進みます。現在、幼、小合わせると二〇人に一人の割合で不登園、不登校の児童がいると推計されます。

この数字は、今後ますます増加すると思います。子どもの「親和力」がどんどん低下しているからです。「友だちづくり」と社会性の強化が、いま緊急の課題になっています。

お母さん、もっと子どもにあふれる愛情を与えましょう。そして、子どもの「親和力」を強く大きくするのです。ただ、愛のエネルギーは、前にも述べたように正面から与えないと一〇〇パーセントは伝わりません。角度が違うとすれ違いになってしまいます。

子どもの「友だちづくり」や、集団社会への適応力を強化しましょう。この「親和力」を大きく強くすることが、将来の人間関係をよくするための土台づくりのルールとなります。

子どもの「友だちづくり」の考え方

お母さんからの相談で、近ごろ多くなってきたのが、子どもの友だちのことです。友だちがいなくて弱っていますとか、幼児同士のいじめっ子、いじめられっ子のトラブルとか、また、子どものケンカにまき込まれ、親たちまでゴタゴタの大騒ぎです、といった話。

子どもに友だちがいないと心配、友だちがいたらいたでまた心配と、お母さんの悩みも絶えることがありません。

ある三歳の女の子のお母さんは、近所の友だちが悪いからと、一年に三回も転居したそうです。片付けの手間やお金もかかるし、さぞ大変だったことでしょう。引っ越し屋さんには喜ばれたとしても、子どもにはあまり喜ばれなかったでしょうね。

「朱に交われば赤くなる」ということわざがあります。悪い友だちとつき合うと、その影響を受けてこちらも悪くなる、という意味ですね。

しかし、このことわざはちょっとおかしい。悪い友だちから影響を受けてこちらが悪くなるのなら、反対にこちらはよい友だちですから、よい影響を相手の友だちにも与えるはずです。朱と交わっても白は白ではないでしょうか。

幼なじみと故郷は懐かしいと歌にもありますが、いまの社会生活では、なかなか幼なじみなどできないようです。仕事や家庭の事情で、目まぐるしく引っ越していては落ち着く暇もありません。子どもの「友だちづくり」も大変です。

せっかく知り合い、友だちになったと思ったらまたお引っ越しでは、幼児でも「やってられないよー」と怒るようになるでしょう。

まだ成長過程にある子どもは、当然、長所もあれば短所もあり、よい面もあれば悪い面もあるのです。一面的な見方はやめましょう。非行少年といわれた子どもが成長して、あとあと、人々や社会に役立つ、立派な社会人になった実例も多くありますから。

お母さんの人とのつき合い方、かかわり方を見てみましょう。道ですれ違っても挨拶もしない未知の人は赤の他人といいますね。また、近所の人や、仕事関係でたまに挨拶をする人などを知り合いといいます。知人という一過性の相手ですね。

そして友だちは、さらにこの知人との仲がもう一つ深くなって、仕事や趣味、遊び方、考え方などが似たような感じで、たびたびつき合うようになった関係ですね。

親友は、友だち関係がさらに深くなり、人生や社会の見方に共通の価値観をもつような、貴重で大切にしたい相手といえるでしょう。

幼児の場合は、友だちとは知人と友だちの中ほどの、〃遊び友だち〃という一過性のものと思いましょう。幼児同士は遊びから人づき合いを知り、言葉を覚え、相手への気配りなどを学んでいく「お互いさま」の関係となるものです。

反面教師という言葉があります。自分の子どもがいじわるな友だちに泣かされたとき、「よしよし、かわいそうに。お母さんにもそんなことあったよ。でも、『いじわるしたら相手が悲しむ』って覚えたのはよかったと思ったのよ」と話せるお母さんは、すばらしい人です。

中学一年生になった女の子のお母さんの悩みです。「小学生のころは、なんでも私に話していたのが、中学に入ったらまったく話さなくなり、友だちとばかり話しています」と寂しそう。「会話がなくなったのは、自分の対応ミスのせいでしょうか」との相談でした。

これはお母さんの対応ミスではありません。子どもは成長にしたがって、話す相手がどんどん変化していくのが当然なのです。

親と子、兄弟、親族などの身内関係は、友だち関係とはまったく違います。そこには縦のつながりで結ばれた、子どもが自分で選べない上下関係があるのです。成長した子どもがなにかと意思を主張しても、思いどおりには通りません。

ですから、どれほどお母さんが子どもと親しくしていたつもりでも、親はけっして友だちの代わりはできないと気づきましょう。

友だちは、自分で選べる対等の横のつながりですから、認め合い、主張し合い、思いをぶつけ合うことで自己主張ができます。結果がよければ自信ができ、悪ければ反省したりします。これが意識の自立のはじまりというわけです。子どもの意識が自立していくとき、お母さんは寂しがるより、心の支えになる真の友だちの大切さを伝えましょう。

真の友だちとは、何事でもいい結果が出たときは「君のおかげだよ」、悪い結果が出たときは「自分のミスだったなぁ」とかばい合える間柄のことです。

また、思春期の子どもに対する親兄弟などの身内の対応としては、子どもにあまり干渉せず離れて見守ることです。そして、もしなにかで傷ついたようなときこそ、手をさしのべたり、癒す愛情を注ぐことが、真の身内の立場ではないでしょうか。

上手に愛情を伝えよう

ずーっと昔、数百万年ほど前ですが、私たち人にもしっぽがありました。森の中で木から木へ移動するとき、枝をつかむのにしっぽが必要だったのです。

やがて人は森から出て、平原で直立歩行の生活を始めました。しっぽは使われなくなり退化しました。

使われない〝もの〟は不要のものとして、退化して消えるのが自然のルールです。

子どもが一、二歳にもなると、お母さんは大忙しです。朝、子どもが目覚めると、顔を洗ってあげ、歯をみがいてやり、着替えを手伝い、食事を口に運んで食べさせる。なにからなにまでしてあげる。子どもはボーッと立っているだけ。

これを手取り、足取り、頭取りの過干渉子育てといいます。使われない道具はサビてしまいます。子どもの手足は動かなくなれば目立つのですぐわかりますが、この過干渉は頭まで取るのです。

過干渉は子どもの自信を奪います。

子どもがやる気になればできる物事は、お母さんがかわりにしないこと。

できなければ、教え方にミスはなかったかと考え直すこと。

上手か下手かは問題にしないこと。

ぐずっても、したらよくできましたとほめること。

この四つが自信を育てるためのルールです。

ところで、世界中でいちばん知られている言葉はなんだと思いますか。欧米から中近東、インド、ユーラシア、アジア、中国、中南米、どこの国でもわかる言葉です。筆者も子育ての勉強であちらこちらとさまよいましたが、その言葉はどこに行っても通用しました。トルコ地方のひなびた農村の片田舎で、七、八歳の少年に使ったところ、ニッコリ笑顔で同じ言葉を返されて、びっくりしたことがあります。

それは、「アイ・ラブ・ユウ」。私はあなたを愛します、です。

もちろん私たちの社会でも、小説、TVドラマ、歌詞など、若い男女のあいだを中心に氾濫しています。ほんとうかどうかは別にして、うんざりするほど街中で目にし耳にしています。

ところが不思議なことに、日本の家族間でいちばん使われていないのが、この言葉なのです。

諸外国では、家庭内でもっとも多く使われている言葉がこれです。朝、登校する小学生や中学生が「ママ、いってきまーす」。するとお母さんが「アイ・ラブ・ユウ、気をつけてね」で抱き合ってバイバイです。

もっとも信頼し合う家族同士では当然の行為なのでしょう。でも幼児期からこの習慣のないところでは、なかなかこうはいきません。子どもが中高生にもなると、親も子も照れくさいし恥ずかしいよ、となりますね。愛情の伝え方が下手すぎるのです。

人と人との関係で、はじめに親しくなるのが〝家族〟です。親子のあいだに信頼感を築くには、この愛情の伝え方が大事なのです。愛されている、また愛している、と感じる相互関係が信頼感を大きく育てていきます。

この信頼感が小さいと、成長してからもなかなか友だちができません。社会性も育たず、集団生活になじまないようになります。

お母さんは子どもの幼児期から、もっともっとこの言葉をケチらずに与えましょう。そうすれば、大きく成長してからも照れずに使えるようになります。

また、幼児でも何事かあるときは相談しましょう。「お母さん、いまちょっと困っているの。なにかいい考えないかなぁ」。そうお母さんにいわれたら、幼児も信頼に応えます。だれよりも自分は親に愛され、信頼されてきたと子どもに感じさせる——それが、子どもの信頼感を大きく育てるためのルールになります。

真っ暗な宇宙にぽっかりと浮かんだ青く美しい地球。何度見てもすばらしい光景です。多くの宇宙飛行士が、地球は実際に呼吸し生きていると感じました。

私たちはよく、〝自然保護〟などと見当はずれなことを考えたりしていますが、実は、人だけでなくすべての動植物は、この自然界に保護されて生きてきたのです。

地球が呼吸をやめたら即日、すべての生物は死に絶えて月世界となるでしょう。

私たちは、自然がそうならないと信じているから、生きていられるのです。それが自然への信頼感というものです。子どもにぜひ伝えてほしいことです。

子どもを連れて海や山、川や森などを散策するときは、景色よりも自然の働きを知らせましょう。土にいる無数の生き物、空を飛ぶ鳥たち、自然の中の大きな生命の息吹を伝えましょう。

この〝自然が保護してくれる〟との信頼感が、周りの人々への信頼感も育てていくのです。

人は一人では生きられないけれど、共に生きる無数のいのちがある、ということを、子育てでしっかりと子どもに伝えることが、子どもの「親和力」を大きく強く育てることになるのです。

✣第7章✣

「性教育」のルール

〇歳から伝えよう、すばらしい性の力

体を清潔にすることが、最高の性教育

この世界に生命が生まれてから三八億年。はじまりは、小さな小さなアメーバーだったいのちも、膨大な時の流れの中で変化成長し、いまの私たち人まで進化してきました。そのあいだ、どれほどの試行錯誤と変遷があったことでしょうか。

数百万種といわれる生物の中で、とくにすぐれた進化を遂げたのが、動植物種でした。そのキーワードになったのが〝性の分化〟です。

原始地球の煮えたぎる海と、荒れ狂う気象、降り注ぐ宇宙からの放射線や紫外線。生まれたばかりのか細いいのちはたびたび崩壊しました。

そして、生き残ったいのちは分裂増殖を繰り返し、いのちを増やしてきたのです。ただ、単純な生物はそれでもよかったのですが、進化が進み、より複雑な遺伝子（設計図）が必要とされる高等生物になると、遺伝子の欠損は種の崩壊を招くことになりました。

三〇億対あるといわれる人の遺伝子は、いまでも絶えず、環境にある放射線や化学物質からの汚染を受けています。ほとんどの設計図は欠損部分があるのです。そこで種の進化を望む自然はすばらしい贈り物をしました、別人の設計図を重ねる方法です。

『宝島』という有名な冒険小説がありますね。R・L・スチーブンソン作の世界中で読まれた名作で、主人公のジム少年が、海賊フリントの隠した宝島の地図をめぐって冒険する物語です。

この物語に出てくる地図はある部分に欠損があるため、なかなか宝にたどりつけません。「もし、地図が別にもう一枚あれば、それぞれに違った欠損があっても、重ねると完全になる」と自然は考えました。つまり〝性の違い〟は、それぞれの設計図の欠損部分を補い埋め合って、よりすぐれたいのちを育てるために、自然から贈られたものなのです。

人が人に好意をもったり、愛し合ったりするのも、それぞれの不足した部分を補うとき互いに求められるようにと、自然が人の設計図の中に感性までプログラムしてくれたからです。愛は、人がよりよい生き方ができるように自然が与えた、感性の具体化なのです。

妊娠したときのことを考えてみましょう。受精卵は、精子の遺伝子と卵子の遺伝子が重なり合って欠損部分を補い合います。そのあと減数分裂という卵分割が始まり増殖します。よりよい設計図によって胎児に成育されていくのです。

子どもが二人でたまたまお風呂に入ったとき、下の妹が「ママ、お兄ちゃんにあるのが、私にないよー」と、お母さんに説明を求めることがあります。〝性の違い〟への疑問です。その子どもの年齢に応じてこの話をしてあげてください。

人はすばらしい〝性の違い〟があって進化したのです。それだけに、性を大切にしましょう、ということです。

性を大切にするには、まず、赤ちゃんのときから体を清潔にすることから始めます。おむつ替えをなまけて毎日ベトベトを繰り返すなど論外です。

子どもの性教育は、赤ちゃんのときから始めましょう。幼いときから体のすみずみまでお母さんにピカピカにみがかれて育った子どもは、成長してからもけっして性を粗末にするようにはなりません。

つぎに、幼児は、外見の服装より下着に気を配りましょう。〝肌にやさしい下着〟というのがありますね。これはいいのですが、これ以外のは肌に荒いというのでしょうか。でも実際にありますから、幼児には避けたいものです。

着替えを嫌がって逃げまわる子どもがいますが、嫌がる原因のひとつには、その荒い感じの下着という場合もありますから、接触のやさしいものに替えます。下着を清潔にすることも性教育だと思いましょう。汚れた下着は心身まで汚します。

また、子どもが児童期や思春期になると、いろいろな性の問題に触れるようになりますが、中でも困るのがいまはやりの「性教育」というもののあり方です。なされている中身が性器の使い方に偏りすぎて、あれではまるで〝性器教育〟です。

性の違いの意味もわからせず、性の心も知らせず、性の大切さも伝えず、性器の使い方だけを教えれば、子どもが惑うのも無理はありません。いまの性教育には、もっとも大事な、自然からいのちに与えられた〝性の使命感〟が抜け落ちているのです。

性は、ただ種の繁殖や快楽だけのために与えられたものではありません。よりよいいのちの成育と進化を守るため、自然の命題として与えられたものです。

性の違いこそ、自然が人類（他の動植物も）に与えた、最良のすばらしい贈り物です。自然が数億年の時間をかけて伝えてきたのです。

もし、いまも〝欠損だらけの設計図〟でつくられている私たち人の考えで、性をもてあそぶものがいたら、不自然ですから当然、不幸な結果になるでしょう――子どもにそう伝えてください。

自然はお母さんの味方

数年前、南アフリカで、人類の母といわれるアウストラロピテクスの化石が発見されました。六〇〇万年前の母性猿人化石です。

そこまでさかのぼらなくてもわずか一万年前までは、人は母系制度で保護され進化してきました。人は母なる性に守られ生きのびてきたのです。

「元始、女性は太陽であった」とは、一九一一年、著名な女性解放運動家、平塚らいてう氏による『青鞜』誌創刊の辞ですが、すばらしい言葉ですね。さらに「我、自らの努力によって、我が内なる自然の秘密を暴露し、自ら天啓たらむとするものだ」と続きます。

たしかに自然は、母性に人類のいのちと運命をゆだねたのです。

母性が受胎し受精卵が生まれますが、着床前後の約二週間はすべて女性卵です。つまり、人のはじまりは女性なのです。三週間目になると、受精した精子がもってきた染色体がX

かYかで性別への変化が起こります。

男性化のY染色体の場合、女性だった胎芽（胎児の基）が変化し、不要な器官（子宮、卵巣、外性器など）がアポトーシス（自己分解）を起こし消え去ります。残った器官だけで男性となるのです。

女性は自然のままで女性ですが、男性は男性化されて男性となるのです。

自然は完全に女性主体の生命体系をつくりあげてきました。他の動物種と同じく、男性は母性のサポート役として出生されたようです。

主客転倒という言葉があります。はじめ主体だったものが、いつのまにか入れ替わって逆転した状態になったということでしょうか。

一万年前以前は、母性長老を中心に女性集団がまとまって子育てをし、男性集団が狩猟など、食料確保をしながら周りを守るような、輪になった集団社会でした。

これは現代でもチベットの奥地などに見られる生活様式です。ただ、人の歴史はせいぜい一〇〇〇年単位ですが、自然の単位は一万年以上ですから、いつかまた、主客転倒が起こるかもしれませんね。

なにしろ医学や生理学の世界でも、産科、婦人科が特別にあるのです。男性科というものは聞いたことがありません。

いのちの継承を守るものとして、自然は母性に多くの特性をオプションしました。いのちを生み育てるのに必要な生理体系です。

子育てや生活上のストレスに耐えるための、自律神経を強化する女性ホルモン体系など、男性にはまったくないものも多くあります。

子育てに悩んで落ち込みます。そのとき支えてくれるのが、卵胞ホルモンのエストロゲンです。これが卵巣より放出され精神が高揚化する、つまり元気が出ます。

夫とのトラブルでイライラして眠れません。そのとき放出され支えてくれるのが、黄体ホルモンで、精神が沈静化する、つまり平静になります。

その他、各種ホルモンが男性より二〇パーセントも多く配分されています。そのせいもあるのでしょうか、情緒障害児の多くが男児で、女児は全体の一割ほどしかいません。

女性はトラブルに強いのです。また、母性はいつも一人ではありません。背後でしっかり支える自然の力が一緒にいるからです。確信をもちましょう。

子どもも小学校の高学年や中学生になると、それまでの育て方のミスがあれば、反抗したり、話を聞かなくなったりします。中二の子どものことで相談にみえたお母さんは、「どこで育て間違ったのでしょうか……」と泣いていました。

よくある話です。「実のところ、育てミスのない子育てなど、できるわけないのですよ」

と答えると、少し安心したようでした。

子育てとは一過性のものではありません。一〇年、一五年の長い対応を要求されるものです。そのあいだ、一度もミスのない対応などできるはずはありません。

「でも、このままでは非行に走りそうで心配でなりません」と、そのお母さんはまた泣きます。「いろいろな対応をしましたが聞き入れません」。万策尽きたという感じです。

お母さん、説得をやめましょう。つらいでしょうし、悲しいでしょう。だったら思いきり泣いてください。

子どもが思いどおりに育たなかったら、親の権威で当たり散らして叱るより、誠意をこめて話し合いましょう。そのあと子どもの前で泣くことです。

お母さんのどこが悪かったの、謝るから教えて、と頼んでみなさい。そして子どもに頭を下げるのです。

子どもの心が曲がったとき、もとに戻すのに、お母さんの涙ほど力のあるものはありません。自然がお母さんの味方をしているのですから。

すばらしい性の文化を子どもに伝える

小学校に入学したばかりの子どものお母さんが、初めての授業参観のあと、担任の先生と面接しました。

そのお母さんは「先生、うちの子は食事のとき、どうしても手づかみで食べるクセがあるんです、給食で直してください」と頼んでいました。

このお願いは間違っています。

子どもの育成には二つの領域があります。

一つは、いのちと心を育成する「子育て」の領域です。お母さんが主役の、教育以前の育て方になります。

もう一つが、社会参加への知能の育成です。教育の専門家が主体となる「教育」の領域です。

どのお母さんでも子育ては専門家ですが、知能教育の専門家には代われません。また、教育の専門家の先生は、お母さんに代わって子どもと肌の触れ合いなどできません。二つの領域はまったく違う世界です。

「子育て」は心を育てる情の必要な世界です。一方、「教育」は知能を伝える理の必要な世界で、相反する対応が求められるのです。

ただ、これを両立させた人も例外的にいました。著名な発明王、トーマス・エジソンのお母さんです。

小学校に入学したトーマスは、先生を質問攻めで悩ませ、学校から放校されました。それでお母さんは猛勉強をして教員資格をとり、トーマスの教育に全力を尽くしました。当然、お母さんは子育ても全力で両立させたわけです。でも、これは一五〇年も前の話で、例外中の例外と思いましょう。

子育ての領域の二本の柱、「〝甘え〟を満たし心を育て、〝しつけ〟によって生活の知恵を伝える」は胎児期から始まるのです。教育者の入る余地はありません。

また、高度に専門化された現在の知能教育は、もう一般のお母さんではなかなか先生の代理はできないでしょう。

教育の領域の四本の柱は、「知識、能力、才能、技術」の習得です。社会参加に必要な知能を、理をもってより効果的に学習させることです。

しかし、子どもの育成の立場から見れば、二つ領域に共通の点もあります。

それは、「よい刺激の仕方を考え、与え、子どもの心と知能の熟成を待つ」ということです。

ここで「成育」と「育成」の違いにふれておきたいと思います。

子どもは、胎児から赤ちゃんに、そして幼児、児童へと成長していきます。この成長は人為的に早くしたり遅くしたりはできません。自然の働きです。「成育」です。

子どもの胎児期から乳児期、幼児期、児童期のすべての期間に、外部から刺激を与えます。この刺激エネルギーは子どもの心と知能の方向を決めていきます。ですからよい刺激の質と量と時間が重要となります。「育成」です。

人が人であるのは、この「育成」があったからです。五〇年ほど前までの子どもは、下に赤ちゃんが生まれると、二、三歳のころからおんぶして子守をするなど、自然に子育てに参加していました。これも「育成」です。

ほかにも、幼児がお父さんやお母さんに扮《ふん》して、家族生活のまねごとをする〝ママごと遊び〟をしていました。これも大切な性の伝え方の一つです。

また、子どもに性を伝えるときは、「男らしくしろ」「女らしくしなさい」という〝こじつけ言葉〃はやめましょう。「男として云々…」「女として云々…」といえばいいことです。子どもに〃らしく〃は通用しません。

先生〃らしい〃人がしたり顔で説教していた、といわれたら、先生じゃないかもしれない、という疑いも含まれる気がします。

オリンピックの年には、発祥の地ギリシャから開催都市まで、聖火リレーという行事があります。時には海を渡り大陸を横断し、走者がつぎつぎと聖火を受け継ぎ、地球を半周することもしばしばでした。

聖火は、人類の平和と友愛と進歩のシンボルといわれているからでしょう。その心をすべての人々に伝えるために、壮大なリレーを展開してきました。

人の性は、この聖火と同じだよと子どもに伝えましょう。

人に蓄積された数百万年の英知を、前の世代から受け継いでつぎの世代に渡すのです。性こそ人のいのちと心を受け渡す、すばらしいバトンといえます。

性のもっとも大切な目的は、健康ないのちを引き継いで受け渡すこと。つぎに、すぐれた子育ての仕方を選ぶこと。それを実行して新しい子どもの世代に伝えていくこと、ではないでしょうか。

子どもの心を育てる刺激を選ぶこと——それが、すばらしい性の文化を伝えるためのルールです。

第8章

「きょうだい」のルール

仲のよい兄弟姉妹を育てるコツ

上の子に、下の子の子育てを手伝わせよう

「お母さん、ボクはどうして一人ぼっちなの。弟か妹が欲しいよ」
三歳の子どもからいつもそうせがまれていたお母さんに、つぎの子どもが生まれました。待望の妹の誕生です。お母さんは一週間ぶりに、産院から赤ちゃんを連れて自宅に帰ってきました。

身内や友人が、おめでとうと祝福してくれます。生まれたばかりの赤ちゃんは、みんなの人気者。「かわいいわ」「色白ね」「目がパパそっくり」と抱き回しです。お母さんもうれしくてニコニコ、みんな笑顔がいっぱいです。

ところが、一人だけふくれっ面の子がいます。下の子をいちばん待ち望んでいたはずのお兄ちゃんでした。「こんなはずじゃなかったのに……」が、そのときの上の子の心の思いなのです。一人っ子の孤独は嫌ですが、のけ者扱いはもっと嫌だからです。

この心は、下の子が生まれたときすべての上の子が抱く思いです。「きょうだい」を育てるとき、お母さんは、ぜひ、上の子のこの心のわびしさや悲しさを理解し、受け入れ、思いやりをもって接してください。両親の願いどおり「仲のよいきょうだいに育つ」かどうかの方向が、このとき決まるからです。

上の子は生まれてから三年のあいだ、お母さんやお父さんを独占してきました。その安心感がもろくも崩れ去ったのです。一人っ子の孤独感はなくなっても、こんどはのけ者の思い込みに捕らわれてしまいます。下の子を強いライバルだと思うのです。

たいていのお母さんは、「きょうだいは差別なく愛して育てています」と思っていますが、これがなかなかそうはいきません。その思いは子どもの思いとすれ違いになり、ほとんどの上の子が差別されたと思っているようです。

五歳と三歳と一歳の子どもが三人いるとき、おやつのスイカを〝公平〟に三等分してあげると、三歳の子どもにはまあまあですが、一歳の子どもには多すぎ、五歳の子どもには不足です。体の成長度を考えない不公平さが残ります。きょうだいの育て方では、それぞれの成長差、身体的な充足度を考えて与えましょうということです。

ところで、食べものや着るもの、小遣いやお手伝いと、なにかと子どもたちに気配りするお母さんでも、案外に見過ごしているのが〝心の充足度〟です。子どもの心、とくに情緒は絶えず日常的に揺れ動いているものです。

心の充足度は、情緒の安定度ともいわれます。お母さんの愛に満足か不満足か、十分か不十分かの差ですが、一般的には上の子の状態は不満足が多いようです。

これを心の欲求不満の状態といいます。筆者は三〇年近く、講演や子育てセミナーなどで、お母さんたちの相談を受けてきましたが、きょうだいの育て方の質問でいちばん多いのが上の子の情緒不安定の悩みです。下の子の悩みはそれほどありません。

下の子が生まれると、だいたい上の子は赤ちゃん返りを始めます。そして指をしゃぶったり、下の子をいじめたり、また、急にお母さんにまとわりつきだしたりします。これらは、心の不充足から情緒不安定になっているのです。

この子どもの寂しい心を、お母さんが受け入れず突き放したままでいると、子どもの心は冷たくなり、お母さんにだけでなく、周りの人々に対しても不信感をもつようになります。つまりラブ・アウト（愛の喪失）の状態になるのです。

きょうだいの育て方で大切なのは、それぞれの子どもの心の状態を知り、一人ひとり対応を変えるということです。その心の状態に合わせて区別して育てること——それが仲のよいきょうだいを育てるためのルールとなります。

上の子どもにより気を配り、下の子どもには手を配らなくてはなりません。当然、子育ての雑用は二倍になるわけですから、お母さんも大変です。

このときお母さんは、上の子どもに下の子どもを育てる手伝いを頼むのです。「○○ちゃんが助けてくれないと、ママだけではできないわ」です。たとえ上の子どもが二歳であっても必ず手伝ってくれます。お母さんに疎外されるより、必要とされるほうが安心だからです。こうして子どもの不安感を取り除きましょう。

もともと自然界でも多産系のほ乳類は、お母さん一人ではたくさんの子どもの面倒をみきれないときも多いのです。その場合、前年に生まれた上の子どもたちが自然に子育てを手伝っています。

兄が弟を育てるのを、姉が妹を育てるのを手伝う。この自然のルールが見落とされてきました。自分の力は弱くても、より弱いいのちを守り育てるという習慣を取り戻しましょう。

それによって下の子どもは、上の子どもに信頼感と尊敬心をもつのです。また、上の子どもは、お母さんに必要とされたという安心感と、自分の力への自信をもちます。

上の子どもに子育ての協力を頼むことは、人と人が信じ合う大切さを伝えるはじまりになるのです。

自分の子どもの中に、好きになれない子がいたら

育てる子どもが、きょうだい二、三人になると、お母さんの中にはどうしてか好き嫌いが出てくるようになります。

「下の三歳の女の子は好きだけど、どうしても上の五歳の男の子が好きになれない」など、特定の子どもを毛嫌いするお母さんもいます。

この毛嫌いのはじまりはなんでしょうか。実は、このお母さんは下の子が生まれたとき、上の子の育て方の対応ミスをしたのです。それが上の子の心を冷たくし、すねた行為などを続けてしまい、お母さんに嫌われるようになったという例が多いのです。

もちろんそれ以外にも、お母さん自身の感性（好き嫌いの判断基準）で嫌いだという人もいます。しかし自然は本来、お母さんが生んだ子どもは何人いても、けっして嫌いになる子はいないように感性を与えているのです。

その子どもが生まれたときのことを思いだしてみましょう。お母さんの胸に抱かれて、つぶらな瞳でお母さんの顔をじっと見つめ、甘えていたときのことを。はじめから嫌いな子どもなどいるはずはありません。お母さんの分身なのですから。

家で飼っているネコが子ネコを八匹も生みました。三週間ほどたったころ、友人が中の一匹をもらっていきました。母ネコのいないスキをみて連れていったのですが、それからが大変でした。ウジャウジャいるので一匹ぐらいいなくても、母ネコは気づかないだろうと思ったのが大間違いでした。

母ネコは狂ったようにその一匹を捜しはじめたのです。それから一週間、昼も夜もぶっ通しで、家の周りから隣近所の公園まで、ミャアミャアと悲痛な鳴き声をあげて子ネコに呼びかけるのです。とうとう友人は根負けして、子ネコを返しにきました。

自然が母性に与えた純粋な感性では、子どもに対して好き嫌いの感情など、もてるはずはありません。でも人は感性を曇らせています。親の見栄、欲からの計算、思い込みの錯覚などです。それで子どもを見間違いして苦しませているのです。

ある子どもの心が曲がっているから嫌いだと思うなら、まずお母さん自身の心を素直にしましょう。すると子どもの心が見えてきます。心のつくられ方がわかれば、直し方もわかります。それで子どもの心も素直になります。

きょうだいの育て方に、好き嫌いの感情を持ち込むという間違いのもとは、お母さんの思い違いが多く、つぎに親の見栄がからんでいるということです。

「好きこそものの上手なれ」という言葉もあるくらいです。子育て上手になるには、子どもをみんな好きになればよいのです。

もしも、あなたの子どもたちの中にあまり好きでない子がいたら、まず、ひょっとしたら自分の勘違いではないかと思いましょう。つぎに、子どもの心の状態を見ます。そして、あら探しはやめます。

こんどは、子どものよいところ探しをしてみましょう。心のよい面、体のよい面などですが、いちばんわかりやすいのは体のよい面です。お母さんから見て子どもの体の好きなところはどこですか。必ずありますから見落とさないように。

まつ毛がきれいとか、耳の形がかわいいとか、鼻の高さがかっこいいとか、なにか見つけだします。「○○ちゃんは、ほんとうにきれいなまつ毛をしているね」と具体的にほめるのです。これを繰り返します。

ほめているうちに、お母さんもその子が大好きになった、という実例があります。もともと、その子どもが嫌いだと思っていたのが、勘違いだったと気づいてくるからです。

きょうだいを育てるとき、好き嫌いなく接するには、それぞれの子どものあら探しをやめ、よいところ探しに切り替えることが大切です。

五歳と七歳と九歳の、わんぱくざかりの男の子ばかり三人を育てている、とても子育て上手のお母さんがいます。

「○○ちゃん、下着を洗濯かごに入れておきなさい」と、お母さんに注意された七歳の男の子。頭をかきかき脱ぎっぱなしにしていた下着をかごに入れながら、「きょうだい三人とも同じ下着なのに、どうしてボクのだとわかったのかなぁ?」。

このすてきなお母さんは、きょうだいのすべてを知っているのです。それぞれの子どものにおい、肌の色、汗の味、声の調子などの違いです。赤ちゃんのときからなめまわし、ほほずりして育ててくれば当然わかるのです。

きょうだいが信頼し合える育て方

前に人の親和性のことを話しましたが、きょうだいの仲は親和力を育てるのにいい環境にもなるのです。

よく「きょうだいは他人のはじまり」という言い方が使われています。親子、きょうだいはもっとも親しい身内ですが、それぞれが自立して別の家庭を築いたりすると、赤の他人になってしまう、という変な解釈をしている人も中にはいます。

実際には「他の人との触れ合いの仕方（親和性）を学ぶはじまり」というのが、この言葉のほんとうの意味だったと思うのです。

幼児期、下に赤ちゃんが生まれると、上の子は初めて〝他の人〟という下の子と触れ合います。

それまでの独占的な一人っ子の立場から、突然、共生しなくてはならない相手に出会うわけです。とまどいと困惑で上の子が落ち込むのはあたりまえです。

お母さんはこのとき、まず上の子の心のサポート（甘えを満たし、しつけを伝える）をします。


先ほどお話ししたとおり、ここを見落としているお母さんが案外多いのです。

つぎに大事なのは、この共生の仕方を伝えることです。

ただ上の子に、「〇〇ちゃんはお兄ちゃんなんだから、赤ちゃんの面倒をみてね」だけではうまくいきません。

だれでも心にゆとりがなければ、ある日突然、保護者になってといわれても、うんとはいいません。幼児はとくにわけがわからないのです。

自然は、きょうだいの仲づくりから、大切な共生の仕方を育てるように伝えてきました。大事なのは、お互いが相手を必要とするとわからせる、ということです。

上の子には、孤独だった心を癒し、共に学び楽しく生きる相手として、下の子が必要なんですよと伝えます。

下の子には、上の子からの保護と手助けが、いつも必要だったのよと伝えましょう。そのためにお母さんは上の子の手助けを求めてきたのです。

妊娠中に胎教をされたと思いますが、おなかの赤ちゃんに呼びかけ語りかけをしましたよね。そのときから上の子の手助けは必要なのです。

胎児に名づけた愛称で「かわいい○ちゃん、いまねんねしているの……」と、お母さんが話すとき、上の子にも一緒に呼びかけさせるようにします。

「ボク、お兄ちゃんだよ。早く生まれてね、○ちゃん」

これが胎教のお手伝いです。

下の子が生まれるのを待ち望む気持ちが、上の子に出てきたら、きょうだいは間違いなく信頼で結ばれる仲となるでしょう。

下の子が生まれたら、できるだけ上の子に手伝いを頼みましょう。一歳の上の子でも「○○ちゃん、そこのおむつもってきて」、「ありがとう、赤ちゃんも喜んでるわ」と、お兄ちゃんにお礼をいいます。

また、下の子が成長して一、二歳になったら、お兄ちゃんがお手伝いをしたときの話をしてあげましょう。そうすると、下の子はお兄ちゃんに信頼感をもつのです。

ただ、お兄ちゃんのした手助けが、家事の手伝いだった場合は、それほどの効果はありません。

きょうだいも一歳、三歳となると、お互いに自我が出てきます。おやつの取り合いからおもちゃの貸し借りまで、トラブルのはじまりです。お母さんの対応としては、自己主張のぶつけ合いなら笑って見守りましょう。

〝自己主張〟は、子どもの個性の違いのぶつかりで、相手を傷つけません。この自己主張を十分にさせ合うことは親和性を育てます。

逆に自己主張しないで育つと、相手の顔色ばかりうかがうようになってしまいます。自己主張には相手の立場にも気配りが含まれるのでわかるでしょう。

しかし、〝自我主張〟は、自分のことばかりで、相手の立場や気持ちをまったく無視した主張（わがまま）ですから、当然相手は傷つきます。お母さんは見分けて対応しましょう。

児童期になると、この区別が子ども自身もわからなくなるので、できるだけ幼児期にわからせたいものです。

きょうだいの信頼を育てるにあたり、ポイントとなるのがこの〝自己〟と〝自我〟の見分け方です。自己主張は多く、自我主張は少なくと気づきましょう。

このように、きょうだいゲンカしたり解決したりを繰り返して、子どもたちは将来に必要な親和性を強化していきます。

きょうだいのあいだに立つとき、お母さんはけっして裁判官にならずに、弁護士のようになること――これが、きょうだいの信頼感をいつまでも続かせるための大事なルールです。

❖第9章❖

「ねむり」のルール

生活のリズムによって、子どもに質のよいねむりを与える

ねむりは心と体のメンテナンス

第1章でもふれましたが、子どもの生活は大きく分けて三つの領域があります。具体的には遊ぶ、勉強する、活動するの「干渉」の領域。つぎに体を整える、食事をする、休養するの「保護」の領域。三つ目が心身の成育と回復を自然に任せる「放任」の領域。「ねむり」の分野は三つ目の領域です。

もともとこの三つの領域は、すべての生物に自然が与えたものですが、ただ、「干渉」と「保護」と「放任」のバランスが、それぞれの生物で違うのです。

子どもの胎児期、乳児期の生活時間割を見ると、休養（保護）とねむり（放任）が約九〇パーセントを占めています。活動（干渉）の時間は一〇パーセントほどしかありません。それが幼児期、児童期と成長するにしたがって、それぞれの領域の時間割が三等分されてきます。

人のいのちの時間割を考えてみました。一生が六〇万時間とすると、ねむりは三分の一の二〇万時間になります。年月日で計算すると二二年三カ月は眠っているのですね。せっかく二二年も寝ているのですから、なにかと質のよいねむりをしたいものです。

子どものねむりの質をよくする方法を考えてみましょう。

あるお母さんから「赤ちゃんは夢を見るのでしょうか」と質問されたことがあります。これは、当然見ています。もちろん胎児も夢を見ています。べつに胎児や赤ちゃんの脳波や心電図など測定しなくても、反応としぐさでわかるものです。

自然はいのちの成育と回復のために、ねむりの時間を与えました。健康な心身なら自然の状態で、赤ちゃんは穏やかにすやすやとねむりを続けられます。

子どものねむりを妨げるものは「保護」の不足と「干渉」の多さです。この二つのアンバランスさが、自然なねむりを不安定にしているのです。

「うちの子は寝つきが悪くて、いつもぐずついて困っています」と弱っているお母さんがいました。ミルクもたっぷりあげたし、おむつもきれい、べつに体の具合の悪いところもないのに、と話します。

このお母さんは、もっと大事な〝心の不具合〟を見落としているのです。心の中身である感性と情緒と性格は、バランスが崩れると不具合になります。とくに、情緒は外部からの刺激に弱く、絶えず安定と不安定の波を繰り返しているものです。

子どもの心を平静にするには、この波の高さをできるだけ小さくすることです。子どもの一日の生活の中でも活動期には、お母さんから、ああしろこうしろ、早くして、ダメじゃないの、など、多くの「干渉」という刺激を与えられます。

この「干渉」は情緒に作用し、緊張と興奮と行動という波を高めます。当然、子どもの情緒はこのままでは不安定になっていきます。

このとき、お母さんは子どもに「よしよし、いい子ねぇ、大好きよ」と「保護」の刺激を与えます。これが波立った子どもの心への休息、弛緩、満足という穏やかな刺激となって、情緒の波を平静に安定化するのです。

「干渉」と「保護」は、このようにお互いに影響し合い、情緒的に拮抗《きっこう》するように働きます。「寝る子は育つ」と昔からいわれるのは、情緒が安定し心身が健康であれば、すやすやとよく眠るし、夜泣きもせず、目覚めも気分よく、よく育つということなのです。

情緒の安定のつぎは、ほどよい疲労です。普通は自然にお母さんや、おもちゃなどと遊ぶことで動き）には適当な運動が必要です。〇歳の赤ちゃんでも活動期（起きていると動きます。楽しい動き方がねむりに適切な運動です。

自然に任せたねむりのあいだに、子どもはどのような恵みを受けるのでしょうか。ねむっているあいだ、自律神経は穏やかに全身を点検し、バランスの崩れた臓器など不具合があれば補修したりして、消耗した心身のエネルギーを補充して成長を促します。

良質なねむりこそ、子どもの成長に必要な心身のメンテナンスといえるのです。子どもがすやすやと熟睡しているときに、自然は大忙しで働いています。全身の各細胞を増殖、熟成させたりと、疲れた心身を回復させているのです。

よく、ねむりは休息のためのものという人がいますが、それは大きな誤解です。自然は植物から動物までのすべての生物にねむりを与えました。目的は、そのいのちがよりよく生きられるように、ある時間、活動を停止させその間に自然がいのちのメンテナンスを行うためなのです。

ねむりは、明日への活力を蓄積するときとして、自然がいのちに贈ってくれた大切なものと、子どもに伝えてください。

子どものねむりを妨げるストレスを薄めよう

毎晩よくねむれませんと、深刻に悩んでいるお母さんがいました。「もう一週間も寝ていません」とやつれ果てています。話を聞いてみると子どもの夜泣きで悩み、それがストレス（緊張）となっての不眠症だということでした。

やっと子どもが寝たあとも、こんどは自分の〝ねむり欲〟がなくなってしまうのだそうです。そういえば、食欲、性欲、物欲と人の欲望は限りなくありますが、ねむり欲はあまり聞いたことがありませんね。

病気には、心因性の○○という症状があります。心因性の心臓神経症とか、心因性の胃潰瘍とかです。これらの病気は、ストレスの原因であるストレッサー（刺激）を取り除いたあとも、すぐには症状はよくならないといいます。

人はだれでも、ストレスを受けつづけると心が疲れ果てます。そして興奮、圧迫、苦痛、悲哀、孤独、反発といった心労という傷を心に残してしまいます。

この傷が深すぎると、トラウマ（心的外傷）になり、その人の心を長いあいだ苦しめることになります。

子どもは純粋ですから、大人より感受性が強いのです。子どもの心にトラウマになるようなストレスだけは与えないようにしましょう。

たくさんの小学生に直接に聞いてみたのですが、「いちばん好きな人は？」と質問するとみんな「お母さん」といいます。そして、「いちばん怖い人は？」の答えもみんな「お母さん」でした。

これは当然です。べつに変なことではありません。子どもへの影響力がもっとも大きいということです。「甘えられるから大好き」と「しつけられるから怖い」というのは、矛盾した声ではありません。

毎日の生活の中で、お母さんも絶えず多くのストレスにさらされています。生きるとはストレスとの共存かと思えるほどです。ただ、ストレスならすべて悪いというわけではありません。中には気分転換や心の変化成長に役立つものもあるのです。

くれぐれも、このお母さんが日常的に受けたストレスを、未消化のまま子どもに与えないようにしてほしいと思います。子ども、とくに幼児はそのまま受け取ります。他に選択肢はないからです。もし重いストレスだったら、心が深く傷つきます。

子どものねむれない原因の多くは起きているときに受けた刺激で、これはよいものでも悪いものでもあてはまります。問題は刺激の内容より、強弱が影響するということです。寝る前にひどく叱られてもねむれません。また、楽しい旅行に行く前の晩なども、子どもは興奮してねむれないものです。

ですから、子どもに伝える刺激は、たとえ心の成長に役立つものであっても、お母さんができるだけ薄めて与えること――それが子どもをよいねむりに誘うためのルールとなります。

幼児期から保育園や幼稚園、小学校と成長するにしたがって、子どもの生活は集団の中に進みます。いままで家庭内で受けたストレスの何倍もの圧力が、子どもの心にのしかかってきます。お母さんは子どもの心を読み取り、持ち帰ったストレスを薄めてあげましょう。

子どもが帰ってくるなり、「友だちとケンカしちゃったよー」とお母さんに泣いて訴えるときがありますね。そういうときはお母さんが「うん、それはつらかったね。お母さんもそんなことあったよ、よしよし」と抱きしめます。

これで子どもの心の緊張と重荷を軽くしてあげるのです。間違ってもケンカの理由や勝ち負けを追及しないことです。子どもの話だけはよく聞いて、やさしく受けとめるのです。これが〝薄める〟という意味です。

いまや大人の社会の論理が、子ども社会まで蝕《むしば》んできています。競争と差別、勝った負けたの計算性、それらが子どもたちまで巻き込んで、心ないストレスやトラブルを押しつけているのです。夜もねむれなくなるのも無理はありません。

実際に子どもの周りの環境は、自然が少なくなっただけでなく、すべてが悪化していきます。いまの子どもを囲むストレスとトラブルは、五〇年前から比較すると一〇倍に増加しているのです。だからお母さんの保護力も一〇倍は欲しい。

もう子育てにむかしの考え方はそぐわなくなってきています。新しい「ねむりのルール」をたくさんのお母さんたちと共に考えてきました。子どもによいねむりを与え、子どもの心身の健康を守れるのはお母さんの実行力だけですから。

心と生活のリズムを上手に使い分ける

お母さんが子どもによいねむりを与えるのに、とくに大切なのが〝リズム〟です。音楽的な意味のものではありません。自然科学から見たリズムです。

自然の季節や、日々繰り返される変動の波。

いのちの成長に欠かせない、生命活動の変化の波。

心を育てる緊張と弛緩の強弱の波。

ここでいう〝リズム〟とは、この三つの働きのことです。

自然のリズムで身近なものといえば、春、夏、秋、冬と一年ごとに繰り返す四季の波があります。

また朝、昼、晩の繰り返しも波です。自然に生かされているいのちは当然、このリズムと深くかかわっています。

つぎに生活のリズムです。ほとんどのいのちは昼間に活動し、夜間は休息します。空腹になれば、健康を維持する食物を補給する。この波もいのちに必要なリズムですから、当然深くかかわっています。

大事なのは、三つ目の心を育てるリズムです。外部からの刺激による、心の緊張と弛緩の、強弱の波のリズムです。子育ての中では、とくにこのリズムの大切さをぜひわかってほしいと思います。

自然のリズムと、生活のリズム、そして心のリズム。これらが互いに深くかかわり合いながら、子どもの心身の成育と育成に大きな役割を果たしているのです。

ここでは、子どものよいねむりをつくるにあたり、もっとも大切な生活のリズムと心のリズムについてお話しします。

生活のリズムといえば、朝何時に起きて、何時に顔を洗い、何時に食事し、何時に通園や通学する、といった生活の時間割のことかと、早合点するお母さんもいますが、それとは少々違います。

夜の九時を過ぎてもなかなか寝ない四歳の男の子に「八時には寝るというお約束でしょ」とお母さんがせきたてます。どこの家でもよくある光景ですね。

このような活動の時間割は、人が便宜上つくりだした人工のリズムです。自然からの生活のリズムと、たまたま合う場合はいいのですが、合わない場合は不自然ですから子どもは従いませんし、また長続きしないのです。

生活のリズムはもともと、人が決めた時間の押しつけではありません。自然に体がそのように動くわけです。おなかがすいたら食事をする。活動したくなる。疲れたら休む。ねむくなったら寝る。

自然のリズムを生活のリズムとして、人類は何万年も続けてきたのです。時計ができて、自然より時間に縛られるようになったのは、わずかここ百数十年のことです。

子どものよいねむりをつくるには、時間の押しつけより、よいリズムづくりをしたほうが自然に子どもは従うものです。

朝の七時に食事をさせたいときは、朝の六時ごろから家事の手伝いなどで働かせます。夜八時に寝かせたいときは、夕方疲れるまで体を動かさせることです。

子どもの全身を動かさせる、体の一部を動かさせる、休ませる、ゆっくり動く、素速く動く、飛んだり、跳ねたりなど、生活の中で体の動きの変化の波をつくるのが、子どもの生活のリズムのつくり方です。

子どもの体の動かし方の、緩と急の波の高さを整えましょう。一日の波でも、朝は速く、一〇時にはゆっくり、昼には速く、午後の三時にはゆっくり、五時には速く、七時にはゆっくり、というような動きの波が生活のリズムです。

このリズムが子どもの体になじむとき、長く習慣として定着するものです。ダラダラした動きと、キビキビした動きを、お母さんが上手に組み合わせます。それを繰り返すことでリズムをつくり、子どもに伝えましょう。

よいねむりをつくる上でさらに大切なのが、子どもの心のリズムです。心の中身の情緒は、絶えず緊張と弛緩という波のリズムで動いています。このリズムは外部からの刺激で大きくなったり、小さくなったりを繰り返しています。

子どもの場合、外からの刺激でもっとも強いのは、お母さんの刺激です。

夜の九時になっても、なかなか寝ない幼児に「どうして寝ないの」とお母さんが叱りますね。すると子どもは緊張し興奮します。ねむりを妨害するようなものです。

よいねむりを子どもに与えるには、お母さんが子どもの心の緊張を解いてあげることです。

抱きしめて、「よしよし、いい子だね。お休みなさい」とほほずりします。これで子どもの心は弛緩します。

子育て上手のお母さんは自然にそうしています。

子どもがねむる二時間ほど前から、この緊張と弛緩のリズムを、だんだんと小さくしていくのがコツです。

干渉の刺激は緊張、つまり興奮を高めます。保護の刺激は弛緩、つまりリラックスさせます。

刺激を適切に使い分けること——それが、子どもによいねむりを与えるためのルールです。

第10章

「妊娠」のルール

子育ては妊娠前から始まっている

大切なのは計画的な受精

二〇〇三年六月、厚生労働省による魚の残留ダイオキシン濃度の発表で、めだったのがキンメダイの話でした。

一般の食卓でもよく食べられている魚ですが、残留濃度が高いので、妊娠中のお母さんは食べないほうがよいという発表でした。

とたんに、市場のキンメダイの価格は大幅に値下がりしました。まるで男性も女性もみんな妊娠中みたいな用心ぶりです。

自然界に増加する、毒性の化学残留物質が怖いのは、次世代の子どもたちに負の遺産として受け継がれていくからです。いま食べなければいいと逃げるよりも、なんとしても、このような負の遺産を少しでも減らす努力を尽くすのが、私たちの世代の責任だと思うのですが。

子どもを産み育てます。そのはじめにあるのが愛と受胎と妊娠です。ここでは妊娠生理のことに少々触れてみましょう。

ふつうお父さんとお母さんは、子どもをどのように育てるか話し合って考えます。将来の育児教育計画ですね。

ただ残念なのが、よい受精の計画をされていない人がほとんどだということです。いまの妊娠生理の教育で、不足しているのがこれです。

避妊法のことだけは道具も知識もあふれています。ところが子育てでいちばん大切な、よい妊娠法の知恵が見当たりません。

むかしは、子どものことを愛の結晶、子宝と呼びました。いまはあまり聞かれなくなりましたが、実態は変わっていないのです。

宝くじの一等が当たる確率は二〇〇万分の一といいます。だいたい私たち人の受精の確率は二億分の一となっています。

自然は、お母さんになる人の卵子をはじめから五〇〇個用意しました。それが月に一個ずつ熟成して排卵されます。受精準備です。

お父さんになる人の精子は、毎日大量に増産されて、機が熟せばいっせいに放出されます。二億個の射精です。

この精子の寿命は約七日間で、卵子の寿命は四八時間ほどです。排卵されて卵管膨大部で待機しているとき、精子が到着し受精となります。

精子も卵子もエネルギーの自己補給ができないので、放出されたあとは当然、時間ごとに消耗し衰えていきます。つまり排卵日に合わせて受精行為をすれば、もっともよい受精卵ができるということです。

もし、排卵日の五日前に受精行為をしたとすれば、精子は五日間もウロウロと消耗し尽くしたあと、残った二〇万個ぐらいの中の一個と卵子が出会うことになります。あまりいい受精卵とはならないでしょう。

お母さんは、受精には排卵日を予測し、お父さんは健康状態を大切にして行為をしてください。

愛は具体的に伝えましょう。一〇〇パーセントのエネルギーをもつ精子と、一〇〇パーセントのエネルギーをもつ卵子を結合させてこそ、愛の結晶の子どもとなります。

リンゴが枝から落ちるのを見て、ニュートンは万有引力を発見しました。万物はすべて引力で引き合っているというわけです。

自然は万物より発生させたいのちにも、当然として引力を与えました。愛の引力です。精子と卵子も意思をもって引き合って結合したのです。

男性と女性の愛も強ければ強いほど、引き合う引力も強くなります。新鮮な愛の結合も生まれやすくなります。愛も引力も同じエネルギーだからです。

厚生労働省の統計では、虚弱児の出生や、妊娠初期の流産率は七パーセントにも上っています。

いまのような偶然受精に任せていれば、キンメダイを食べる前に、すでに弱い子どもを受胎していることもあるのです。

一〇〇パーセントのエネルギーをもつ受精で妊娠、出産し、心身が一〇〇パーセント健康な赤ちゃんを生み育てるために、しっかりした計画受精をぜひ進めてほしいと思います。

受胎から八週間ほどを妊娠初期といいますが、この期間を別名〝妊娠不安定期〟ともいいます。もっともトラブルが多い時期だからです。

ところが、お母さんが妊娠に気づくのがだいたい一二週目といいますから、対応策はほとんどなにもとっていません。

ですから子育てのはじまりは、とくに計画的な受精と妊娠が大切になるのです。

もっと胎児の能力を活用しよう

宇宙飛行士が月世界から、青く輝く美しい地球を見て「地球は生きている」と感動したという話は有名です。

その月から見える地球上の人工建築物は万里の長城だそうです。紀元前三〇〇年、中国を統一した秦の始皇帝が築いたもので、全長二四〇〇キロの世界一なが〜い城です。

有史上の胎児期教育（胎教）は、この秦の始皇帝の母が妊娠中に、とくに音楽堂まで建てて胎児の始皇帝に伝えたといわれるのがはじまりです。

また、日本には一五〇〇年ほど前、仏教の伝来とともに伝わったといわれています。そのせいかこの伝統胎教は、宗教色と道徳色が強く含まれていました。

いま、各方面で行われている近代胎教は、そういった宗教色から脱し、自然科学からのアプローチが多くなってきています。現代胎教は生理科学といえます。

ただ、基本的な考え方は共通するところもあります。胎教とは、胎児になにか早期教育をすることではないのです。妊娠中のお母さんが心の安らぎをもって、胎内の胎児の心に意思を通じ、よりよい成育を願う行為が胎教だという考え方です。

お母さんとお父さんの愛の結晶として、計画受精した受精卵は五〇時間ほどで卵管内を移動し、子宮内の適切な場所を自分の感性で選び着床します。受胎です。

はじめに感性ありでしょうか、人の受精卵となった初仕事が着床でした。この感性が間違うとあとあと流産したり、難産の原因にもなります。偶然妊娠はお母さんも気づかないため、受精卵の感性を動揺させることが多いのです。

妊娠一二週を過ぎると、お母さんの声と動き方に影響されて、胎児の性格も芽生えます。胎児は体性感覚（皮膚）の感性をとぎ澄まして周りを探ります。情緒の芽生えです。こうしてだいたい一六週前後には、心（意思）が形づくられてきます。

妊娠二〇週（五カ月）にもなると、立派ないのちとしての意思をもちます。胎動もこのころから始まります。運動したり楽な方向に体の向きを変えたりして、胎内からお母さんに自分の存在をアピールするわけです。

すでにこの時期までに胎教を進めてきたお母さんは、この動きの意味がわかります。胎児につけた胎名（愛称）でお母さんが呼びかけます。「〇ちゃん、きゅうくつなの。よしよし、楽にしてね」。これで胎児は安心します。胎教です。

時には、お母さんもなにかのストレスでイライラすることがありますね。すると胎児は、すごい力を発揮します。プロゲステロンという沈静化ホルモンを母体に出させるように胎盤を刺激します。血液や羊水が濁ると苦しいからです。

お母さんの気分が落ち込んでも胎児は困ります。胎内環境が悪くなるからです。そのときはエストロゲンという活性化ホルモンを出させます。

胎児は自分の生存にかかわるすべての、お母さんのホルモンをコントロールする能力を自然から与えられているのです。胎児はタダの〝間借り人〟ではありません。

お母さんと胎児は一心同体ですが、つねにコンタクトが必要です。すでに違った個性が芽生えているからです。お母さんは妊娠中を快適に過ごすために、もっともっと胎児の能力を活用しましょう。これも胎教の大事な成果の一つです。

胎児とのコンタクトは、宇宙人との話し合いみたいに難しいことではありません。胎児はお母さんの言葉の響き（振動）をとっくに覚えているからです。

ただ、意味はまだ通じませんから、やさしいイントネーション（抑揚）で呼びかけてください。胎児への話しかけは意味より愛情で伝えればいいのです。ラブ・トークですね。

母ネコが子ネコを呼んでオッパイを飲ますとき、ゴロゴロ、ニャンニャンといいますがどう聞いても意味はありません。しかし、母ネコのやさしい愛情は、子ネコにりっぱに通じます。当然です、人の言葉もない何十万年もまえから、いのちの子育ては続いてきたのですから。

妊娠中のお母さんの体の動かし方は胎児の性格づくりに影響します。しょっちゅう荒々しくセカセカとした動きを繰り返していると、胎児の性格の芽は激しく短気な方向に向かいます。またグズグズノロノロした動きばかりだと、性格の芽はのんびり屋の慎重な方向に向かうものです。

お母さんの妊娠中は、できるだけやさしくリズミカルな動きと、緊張と弛緩の波を取り入れた、メリハリをつけた動きで過ごしてください。きっと、お母さんが願ったような、すてきな赤ちゃんを胸に抱きしめることができるでしょう。

子育ての原点「自然分娩」と「母乳育児」

二八〇日間、お母さんの温かいおなかの中で、やさしく保護されてきた胎児も、いよいよ出産のときが来ました。お母さんの準備も大変ですね。

でも胎児のほうはもっと大忙しです。

生まれるとき子宮を収縮させるオキシトシンや、そのあと母乳を出やすくするプロラクチンなどのホルモンを手配しなくてはいけません。

ほかにも、骨盤位（逆子）にならないように、自身で位置調整をしたりと、文字どおりいのちがけです。

胎児はあれこれ準備が整ったところで、お母さんに出産ＯＫのサインを送ります。このサインがないと「自然分娩」になりません。

薬品による強制分娩は不自然なのです。

WHO（世界保健機関）の認定によると、二〇〇三年現在、赤ちゃんにやさしい出産をする病院は日本全国で二五カ所です。八年前は四カ所でしたから、少しは増えて赤ちゃんもうれしいことです。

「自然分娩」と「母子同室」と「母乳育児」。これだけしてくれれば、赤ちゃんにやさしいお産ができるのですが、なぜか少なすぎますね。

でも出産場所を選ぶのは、お母さんやお父さんですから、それも子育てのはじまりと思ってください。

各地にある助産院は、だいたいがその方針で出産させています。助産師は自然分娩で出産させることへの、誇りをもっている人も多いからです。

生まれてくる赤ちゃんへの愛情の深さは、あとあとの子育ての易しさにつながります。お母さんが楽をするので、子育てが楽しくなる第一歩になります。

でもこれだけは忘れないようにしましょう。病院でも助産院でも、出産のときの主役は、〝主産婦〟であるお母さんと胎児の二人ということです。

もちろん自然はしっかりとサポートしてくれています。あくまでも出産は病気ではありませんから。

温かい安全なお母さんのおなかの中から、やっとこの社会へ生まれてきた赤ちゃんは不安でいっぱいです。オギャーオギャーと産声をあげ手を振り回して、お母さんを呼びます。お母さんの保護を求めているのです。

愛の引力の現れですね。「母子同室」のときお母さんはそれにすぐ応えられます。赤ちゃんはお母さんの胸に抱かれて安心してねむれます。おなかの中で四〇週あまり感じていた、なつかしい心音と体臭があるからです。

赤ちゃんはすでに、感性と性格と情緒をもつ心ができています。子育てが胎内から始まっていることは、このときお母さんをはっきり意識しているのを見てもわかります。お母さんに抱かれた赤ちゃんは、手探りほほずりで、お母さんのオッパイを探し求めます。「母乳育児」のはじまりです。自然が赤ちゃんを手助けしているのです。

母乳は赤ちゃんに必要な栄養を補給するだけではありません。初乳から含まれている免疫グロブリンなどは、お母さんが乗り越えてきた病気に対しての抵抗力も伝えます。

それになにより大切なのは、赤ちゃんの心に安心という栄養を満たすということです。ただ、母乳はお母さんの血液と同じ成分ですから、お母さんがアルコールをとると母乳にすぐ出ます。たばこを吸うと母乳にニコチンが含まれるのです。

お母さんの食生活が数秒で赤ちゃんに伝わりますから、「母乳育児」は食事に心してください。

母乳不足の場合はやむを得ず、粉ミルクなどの補助飲料を与えますが、ほ乳びんで授乳するときは、必ず母乳を授乳する姿勢でしましょう。

赤ちゃんが慣れてきたからといって、ほ乳びんを赤ちゃん自身の手にもたせ、ごろんと寝転がしての自己授乳などは論外です。

また、牛乳についてはいろいろいわれていますが、話があまりにも栄養価に偏りすぎています。完全食品だなどと栄養分析表を見せて、病人の院内食から学校給食にまで送り込んでいますが、少しオーバーなPRですね。

牛乳にアレルギーを起こす体質の子どももいますから、当然、赤ちゃんにもいることは考えましょう。

なんといっても草食動物の牛の乳ですから、人の母乳とは消化吸収率が違います。栄養分析表のうのみはやめましょう。

赤ちゃんもやがて母乳から離乳食へ成長していきます。乳幼児期の食生活は子どもの生涯の体質を決めるほど大切なものです。化学薬品の無添加の食材を選び、子どもの心身を守るのはお母さんの役割です。

むかしから「君子あやうきに近寄らず」といわれています。

少しでもおかしいと感じたら、子どもには食べさせないこと――これが子どもへ具体的に愛を伝えるためのルールです。

❖第11章❖

「健康づくり」のルール

乳幼児期の子育ては病気との知恵くらべ

子どもの主治医はまずお母さん

いまからわずか一〇〇年ほど前は、いまと反対の多子化社会でした。

ふつうの家族でも、子どもが七、八人はざらで、多いところでは一二、三人も珍しくありませんでした。

子どもの半数ほどが三、四歳までに病気や事故で失われていた時代だったのです。生活も貧しく、医療事情も衛生観念も未熟な社会でした。でも、そのときのお母さんたちは、必死になって愛する子どもの健康を守りました。

作家・山本周五郎の作品に、徳川幕府時代を描いた小説『赤ひげ診療譚』というのがあります。

小石川診療所（筆者もよく訪れた、現小石川植物園に実在した施療機関）の医師たちの診療活動のことをまとめたものです。

その中に、「医師は人にあらず、神でなければならない」との言葉があります。緊急治療で二日間徹夜をした若い医師が、三日目の未明に疲労のため、危篤状態の子どもの救急の診療を拒否したことを、赤ひげ医師（新出去定）が厳しく諭したときの言葉です。若い医師は一時は反発しましたが、やがて感動します。

その当時、知るよしもない医聖ヒポクラテスの啓示を受けたような、真摯《しんし》に医師として生きた人々をみごとに描いていました。

この赤ひげ医師のような話は伝説ではなく、感謝したいことにその心は現在も各地に継承されています。

東京のH医師、関西のM医師、九州のD医師と、いまも全国各地で数多くの医師が、身命を賭して患者の病状回復に尽くしているのです。

子どもの救急医療で、医師の処置が必要だったのは四〇パーセントで、あとの六〇パーセントは軽症のカゼやかすり傷、という統計がありました。

あるお母さんなど、薬局でかすり傷の張り薬を買えば高いけど、救急車でいけば保険がきくからいいといったという話。

より重篤な子どもを助けるために、医師の重責を少しでも軽くしましょう。家庭でできるささいなかすり傷の治療などは、お母さんが主治医になればいいのです。

当然、原因不明だったり不安のある症状は専門医の指示を受けるべきですが、あまりにも安易に病院にかけつけることが多くなりすぎています。

三〇兆円を超す世界有数の国民総医療費。すでに健康保険制度は破綻しています。せめて、お母さんでできる範囲の子どもの健康を守る知恵だけは、日ごろからぜひ伝えあっていてほしいと思います。

医療制度などない数十万年前の時代から、子どもの病気の主治医はお母さんでした。もともと、子どもの病気治療にとくにすぐれたお母さんが、部族から選ばれ、部族民の諸病の治療に専念しだしたのが医師のはじまりです。

古代にシャーマンとか巫女とかいわれた人たちです。中には迷信がらみの怪しげなものもありましたが。

子どもの病気に対しての安易な自己判断は避けるべきですが、子どものすべてを医療機関にまかせっきりというのも無責任ではないでしょうか。

欧米では、自分の子どもに処方された薬の効果や、副作用などを知らないで子どもに飲ませると、母親の資格がないとまでいわれます。

もう二十数年前になりますが、神戸でパルモア病院の、三宅廉小児科医にお会いしたとき、医師は治療の方針をたてることや薬の処方はするが、実際に子どもの病気を治すのは、お母さんですよ、と話されていました。至言と思いました。

自然環境の悪化もあるのでしょう。乳幼児期につぎつぎと病気をする子どももいます。たしかに、いまの時代は子育てにいい環境とはいえません。実のところ、この一〇〇年をふり返っても、あまり子育てにいい時代などなかったような気もします。

いつの時代もそれぞれ問題がありましたが、お母さんの前のお母さんもそれを乗り越えてきました。

筆者も幼児期には、はしか、肺炎、夜盲症とつぎつぎと病気をするものですから、母親に病気のデパートだなんてからかわれたものです。

それでも一度も病院へ入院したことはなく、すべて母親が家庭でつききりの看病で治してくれました。また体質改善にも真剣に取り組んでくれたのを覚えています。

五、六〇年前から比較すると、あらゆる情報は数百倍になっています。ところが弱いいのちの子どもの健康を守る知恵は、あるところには山のようにあふれ、ないところはまったくゼロというアンバランス。お母さんたちも惑います。

子どもを育てることは、子どもの病気との知恵くらべと思いましょう。

洋服のブランドの数ほど、子どもの病気は多くありません。ぜひ、学ぶ気になってください。

むかしのお母さんたちは、数少ない情報の中から、必死で子どもを守るための知恵を集めました。

病気に対応する知恵をもつこと——それが、子どもの健康を守るためのルールです。

お母さんの体調は子どもの心身に伝わる

なにかのストレスでお母さんの心が情緒不安定になると、ほとんどの幼児期の子どもは同じように情緒不安定になります。母と子は心に共通するものがあるからです。では、体の場合はどうでしょうか。

実は、お母さんがカゼをひくと、子どももだいたいひくものです。母と子は体にも共通するものがあるのです。遺伝性というより、血液や全身細胞の構成からつくられる免疫体質も似てくるからです。お母さんの健康は子どもの健康ともいえます。

〝主治医〟のお母さんが病気がちでは、子どもの健康を守りきれません。妊娠前から健康づくりをお母さん自身も進めましょう。

さて、体の面の子育てでは、まず子どもの健康なときの体の状態を知っておくことです。乳幼児期からこの習慣をつけます。平常時の体温、心拍数、呼吸数、血圧など、いまでは家庭用の測定機器が市販されていますから、容易にわかります。

つぎに、そのときどきの変化を見ます。朝と夜や、運動の前後の違いです。子どもの健康なときのデーターは、万が一不健康になったとき役立ちます。

これは乳幼児期にしていないと児童期では難しくなりますが、全身を調べて特徴をつかみます。皮膚のつるつる感やざらざら感、また顔や腹、背、ひじのどこに、あざやほくろがいくつあるかと、しっかり覚えておきます。

子どもの肌をなめてみましょう。味とかにおいはどうですか、できれば涙の味も知っておきたいものです。子どもは体調を崩すとこのすべてが変化するからです。

あるお母さんの話です。一歳の子どもの「体調のしつけ」の一つとして、歯磨き、つまり歯のブラッシングを伝えようと苦心惨憺していますが、子どもがうまく乗ってきません。このままでは虫歯だらけにならないか不安です、ということでした。

一〇年ほど前から、健康な子どもに歯の異変が伝えられています。ふつうは、児童期に乳歯から永久歯に生え変わるのが当たり前ですが、一、二本生え変わらない子どもが七パーセントにもなっているという学会発表報告がありました（二〇〇三年六月一一日付『産経新聞』朝刊）。

虫歯のことはブラッシングだけのせいではないようです。どうやら砂糖の輸入消費量の拡大と、子どもの虫歯の増大は完全に比例していると思われるのです。

糖分は体内でカルシウムと激しく結合し、骨と歯の主要成分を弱体化させます。対策は砂糖の消費量を減らすこと、つまり子どもの糖分の摂取量を減らせばいいのです。

ところで近年、乳幼児期のおむつ離れが遅くなっているようです。子どもの「健康づくり」にもかかわるので少し触れてみます。だいたい、おむつは二歳ごろまでにはずせばいいのですが、相談の中に、三歳、四歳になってもしている子どもが増えてきています。

たしかに、紙おむつ（実は化繊おむつ）がどんどん便利になり、価格も安く提供されているので、お母さんの中には安易に使う人が増えてきています。この紙おむつが、子どもの健康にどれほどの影響を与えているか考えたことがあるでしょうか。

子どもの尿や大便の化学処理がうまくいって、何度しても気持ちよくサラサラしています。どこかおかしいとは思いませんか。排泄物処理工場をお尻にぶら下げていては、心身の自立が当然遅れます。できるだけ早く布おむつに切り替えましょう。

取り替えや洗濯の手間を嫌がっては、子どもの心身の自立を妨害しているようなものです。布おむつでベトベト、ジトジトにして、時に不快な思いを与えることもしつけには必要です。そのとき、おまるにしてもトイレにしても、楽しい場所にしておけばいいのです。

一時期トイレのドアを取りはずして、切り替えに成功したお母さんもいました。

子どもの主治医となるお母さんには、便利なものには必ずマイナス面もあることを知って使ってほしいと思います。

むかし「手塩にかけて育てた子ども」という言葉がありました。いまはあまり使われていませんが、案外に真実を伝えている思います。子どもを真剣に育てていると、よくミスって手に汗を握るような場面に出会うものです。

お母さん、子育てにミスはつきものです。恐れることはありません。ミスは気づいたとき直せばいいのです。自然は〝直す力〟をお母さんに与えていると思います。

ミスといわれたくないあまり、それを直さないミスのほうが問題です。

お父さんも先生も、大人はすべて子どもの保護者

子どもの心身の健康を支えるのはお母さんですが、そのお母さんの心身の健康を支えるのは、お父さんの力です。

子どもが不登園や不登校になったとき、たいていの子どもは体の不調を訴えます。朝起きたときは元気だったのが、家を出る時間になると突然、おなかが痛いと腹に手をあてて座り込んだりします。神経性腹痛です。

大人でも強いストレスにさらされ続ければ、神経性か心因性の胃炎になったりするものです。子どもは大人より心の免疫力が弱いので、実際に痛くなるのです。わがままとか、なまけだと決めつけないで、原因を探したいものです。

しかしけっして、あせって聞きただす形にはしないようにしましょう。子どもはおびえると、ほんとうのことを話さないからです。

このときにお母さんの愛の力が試されます。子どもが自分から話す気になるまで待つこと。やさしく忍耐することが愛の強さの現れです。

そのうち、友だちがどうのとか、先生がどうのとか話しだしたら、すべて批判せずに受け入れます。なにが正しいかなどはいうときではありません。話しはじめたことが問題解決の第一歩になるからです。

児童がなにか事件、事故に巻き込まれたら、それが小学生であっても、社会的な問題だと大騒ぎになることがあります。さっそく保護者集会が召集され、対策会議が延々と続けられることになります。

このような会の席では、父母保護者グループと、教職員や校長、教頭とが向かい合って座っています。混ざり合って話す会というのは、まず聞いたことがありません。子どもの保護の話よりもだれかの責任追及の場にしてしまうためです。

ほんらい教育者の方々も父母の方々も、すべての大人は子どもの保護者なのです。この場合は、先生の隣にお母さん、校長、そしてお父さんとか、入り混じって話し合うのが自然ではないでしょうか。

電車の中や公共の場所で、七、八歳の子どもたちが通学帰りに乗り合わせ、ギャアギャア騒ぎます。眉をひそめた大人がうるさいと叱ります。よく新聞の投書欄でもしつけが悪いと非難され、親は肩身の狭い思いをしていますね。

いまの社会では、子育ては大事業です。狭いマンションの空間では友だちも呼べません。学校でも、走るな、飛ぶな、大声を出すな、などなど禁止だらけです。息の詰まる状態からやっと解放されるところが、運悪く公共の場所となっているのでしょう。

大人はもっと大らかに子どもたちを保護してほしいと思います。電車の中で走りまわる元気が、この国の将来を支えてくれるだろうとは考えられませんか。

子どもがいない社会に未来はありません。それで滅びた文明の遺跡は世界に数多くあります。自分が生きている間さえよければいい、あとの社会など知ったことか、と考える人には、お母さんたちや子どもたちを非難する資格はないでしょう。

ある統計の専門家に聞いたところ、少子化がこのまま進めば（二〇〇三年の出生率一・三二）、五〇年後は人口が半分になり、すべての福祉政策は破綻するといいます。では一〇〇年後はと重ねて聞きますと、そのあとはないと笑っていました。

一〇〇年の計画を立てるのが、指導的立場にある人々の責務と信じていたのですが、一〇〇年先のことなど考えたくもないのでしょうか。

若いお母さんたちに期待したいのです。いま、育てている子どもに伝えてください。目先のことも大事だけど、もっと大切なことは、いまの社会にあう生き方をするよりも、もっと弱者が住みやすい社会をつくる大人になってほしいと。

文芸、絵画に音楽、建築と人類が伝えてきた歴史的な文化には、世界の遺産として貴重なものが多くあります。

しかし、人を人として育てる〝子育て文化〟は、表面に出てきません。お母さんがいまされている子育ては、実は人間の創造にかかわっているのです。

べつに大げさにいっているわけではありません。人類に貢献したといわれる偉大な人々だって、赤ちゃんのときはお母さんの胸に抱かれてオッパイを飲んで育ったのです。

子育てを個人の問題とせず、社会全体のこととして応援しましょう。当然、国や社会がするのは支援です。干渉せずに保護をする。これが大事なルールとなります。

❖第12章❖

「心のシグナル」のルール

子どもの心の変化は、まず皮膚表面に現れる

心の育て方——感性と情緒と性格

この半世紀、科学技術の発達はめざましいものがあります。一〇〇年前には形を見るどころか想像もつかなかったものも、はっきりわかるような電子顕微鏡器機や核磁気共鳴装置など、すぐれた発明が続々と研究開発されています。

医学の分野でも、レントゲン透視に始まって超音波エコー診断、CT、MRIなど、人の体内の奥の奥まで見透かされるようになりました。一〇〇〇分の一ミリ以下のミクロンの世界もスケスケというわけです。いまは細菌だって外科手術ができるくらいだそうです。分子の形から果ては原子の形状まで撮影されています。科学の目からはなにものも隠れることはできないようです。

そのうち、心の世界も「これが患者の心です」と診断者がルーペをのぞきながら、あなたの体内から心をピンセットで摘みだし、「ここのところが曲がっているので、少々直しておきましょう」と、ペンチでいじり回されるときが来るかもしれません。

しかし、このような〝心の外科手術〟などという気持ち悪い話は、ずっと先々の時代になると思いますから、いまはいまの考え方で話を進めましょう。

心はエネルギーを入れる袋で、「感性」と「情緒」と「性格」という三つの領域のエネルギーが中身として入っています。大事なのは、これらがバランスよく調和していることですが、なかなかそうはなりません。

心の子育てでとくに大事な点は、この三つの中身をいかにバランスよく調和させるかにあります。

子どもの心はすべて、外部からの刺激エネルギーで中身が育ちます。ただ、刺激を与える者と、刺激の質・量・時期・場所・時間によって、育つ領域が変わっていきます。

当然、これは大人でもそうですが、とくに子どもの時期は、幼いほどその影響が大きいのです。子育てにおける〝心の育て方〟のコツは、その刺激のタイミングにあります。

まず、子どもの「感性」とは、環境からの刺激エネルギーをどう感受できるかの「察知力」のことです。感性が、情緒や性格より大きすぎると心が繊細になりすぎ社会性が弱くなります。

子どもの「情緒」とは、周りからの刺激エネルギーをどう受け入れられるかの「親和力」のことです。刺激の質と量の不足により弱くなりすぎると、心が絶えず揺れ動く不安定な状態になります。一般的には感情の起伏が激しく、特定の人とはうまくいきますが集団との関係がうまくいきません。情緒不安定になりやすいのです。

つぎに、子どもの「性格」は、前記の察知力や親和力の相互干渉でつくられた、周囲への「対応力」といえます。それは、強い、弱い、やさしい、荒いなど九〇種別ほどに分類できますが、ほとんどの性格は単独では根づきません。

「一見乱暴だがやさしいところもある」「消極的だが慎重派でもある」というような拮抗する面があって、いくつかの種別が複数以上重なり合って性格として形づくられます。

「感性」「情緒」「性格」――この三つが相互に関連し干渉し合って、心の袋を満たしているのです。これは胎児期から乳幼児期につくられ根づいたものですから、ピンセットなどでそう簡単にいじくり変えられるものではありません。

心のつくられ方を考えれば、バランスの崩れている子どもがいたら、いまからの刺激の与え方でバランスを取り戻すしかないことがわかります。

たとえば、子どもの「繊細すぎる感性を豊かにする、不安定な情緒を安定させる、弱い性格をたくましくする」ことでバランスを回復しようとすれば、この三つの領域に対応する刺激の分け方を知ることが大切です。

「感性」は振動が育てる

いのちのはじまりは微生物です。それが自然環境に適応する、いわゆる適者生存の法則で進化してきました。

自然はいのちに〝振動〟を与えました。振動こそいのちの揺りかごなのです。振動には、地震波のようなゆっくりした波動から、音波、超音波と大きな幅があります。そのすべての振動がいのちを育て成長させてきたのです。

しかし、いのちにとってよい振動と悪い振動がありました。子どもが母に抱き育てられるときの愛の振動。火山が爆発し周囲のいのちを滅ぼすときの恐怖の振動。いのちのはじまりにある子どもは、その区別を感じ（察知し）なければ生きられなかったのです。いまでも自然界では、感性を失うといのちは成長できません。

子どもを愛するお母さんの話し声、抱きあやすときの揺り動かす振動。この振動が子どもの心の感性を育ててきたのです。よい刺激とは愛をこめた振動のことです。

感性が鈍いか、繊細か、豊かなのかは、振動の刺激エネルギーの与え方の多少で変化育成させられるのです。

感性（察知力）の大きさは、子どもが外部からの刺激にどう反応するかで判断できます。

たとえば、繊細すぎる場合は、大きな音にはあまり反応しませんが、小さな音ほどビクッと身を震わせて感じます。

子どもの感性（察知力）は、自然環境やお母さんから耳・皮膚へ与えられる間接刺激・音（振動）に愛のエネルギーが多いほど豊かに育つのです。

「情緒」は皮膚接触で安定する

生まれたばかりの赤ちゃんライオンを見にいきました。お母さんライオンに抱かれなめられ、うっとりコロコロしているのがなんともかわいい。あれで将来、百獣の王になるとはとても思えないほどでした。

子どもの心の育成に欠かせない「情緒」の安定。これがいま子育ての大きな問題になっています。情緒不安定の子どもたちが全国的に増加しているからです。

幼、小、中学校あわせて一カ月以上の不登園、不登校児が二〇万人、一カ月以下を入れると九〇万人。全国の児童一八〇〇万人の約五パーセントという推計です。

子どもの情緒は、環境（お母さん）から、皮膚へ与えられる直接的刺激、つまり触れ合い（皮膚接触）で育ちます。

情緒が不安定になると、絶えずイライラし、指しゃぶりをしたり、落ち着きをなくしたり、多動になります。人や物との接触が乱暴になります。集団への仲間入りを嫌がります。壁に自分の頭を打ちつけたり、髪の毛を引き抜いたりする自損行為が目立つようになります。

子どもの情緒は、無意識のしぐさに現れますから、子どものしぐさを観察して異常さが少なければ安定していると判断できます。

これは愛情が少ないことによる欲求不満から始まっているのですから、子どもが幼い場合は過干渉をやめ、「甘え」(皮膚接触)を満たせばほとんどの子どもは安定します。ただ、子どもも五歳以上になると回復に時間がかかりますが、原則は同じです。

情緒の安定(親和力の強化)は、愛を伝える皮膚と皮膚の接触刺激が必要ですが、大事なのは接触面積が多いほど効果的と知ることです。

〝皮膚接触による愛の伝え方〟については、拙著『甘えのルール――赤ちゃんにあなたの愛情を伝える方法』で詳しく説明していますので、ご参照ください。

「性格」は運動刺激で変わる

お母さんが子どもにお手伝いを頼みました。「○○ちゃんそこの洗剤もってきて」。ところが子どもは嫌だといって動きません。よくあることです。

「この子は強情でやさしさがまるでない。この性格はきっと、あの人の遺伝に違いないわ」とだれかさんのセイにする人も中にはいますね。でも、これは性格とは次元の違う話。愛情のすれ違いからのしつけ不足というだけです。

性格は遺伝ではありません。多くの兄弟姉妹を見てみればわかることですが、それぞれまったく違う性格の人たちがほとんどです。有名なきんさん、ぎんさんは双子でも性格は違っていました。

子どもの性格は、環境（お母さん）から子どもの全身に与えられる運動刺激（引力）で育った（誘導された）ものです。

胎児のときは、お母さんの体の動かし方が、胎児の性格を方向づけます。妊娠中のお母さんの動きが活発すぎると、胎児の性格は積極的で短気な向きになります。反対にのんびりだらだらした動き方ばかりだったら、胎児は消極的ですが慎重な性格の向きに育ちます。母体の動きが胎内の胎児の全身に刺激を与えるからです。

また、誕生後の乳児期の育て方でもその影響が出ます。せかせかとした授乳の仕方や沐浴のさせ方も同様です。

幼児期の育て方でも、お母さんが一緒にする遊戯でも、子どもへの運動刺激となるものはすべて性格の方向づけとなります。

運動刺激の引力とは、子どもの手を握り振りまわす遊戯とか、高いところから飛びつく子どもを下で受け止める遊びなどで見られる、双方の信頼と愛の引き合いの動きです。大人同士でのソシアルダンスなどの動きもそうです。

子どもの性格は、人や物と触れ合うときの、意識的な動きで判断できます。物を粗雑に扱うとか、人に荒々しく接するとかなどです。

子どもの性格を、積極的で明るくしたいのなら、リズミカルな運動刺激の仕方で育てましょう。また、優美な運動刺激で育てれば、やさしい性格の方向に誘導できます。

ただ、子どもの性格を見るときは「甘え」の不足を満たし、ルールに則った「しつけ」を優先してから判断しないと、見誤ることがあるので気をつけたいものです。

なお、しつけの仕方については、拙著『しつけのルール――3つのコツで楽しく子育て』に詳しく述べましたので、ぜひご覧ください。

情緒の変化は、皮膚としぐさに現れる

近ごろ「子どもの心がサッパリわからない」というお母さんが増えてきました。「育児力」の低下とともにこの傾向は広がっています。

でも、大人の心（虚勢心）はなかなか見えませんが、小さい子どもの心（素直心）は見えるのです。子どもの心の変化や成長は、まず皮膚の変化に現れることを知りましょう。

心は全身の細胞の意思が連携したものですから、その細胞の一〇パーセントを占める皮膚細胞に変化が現れるわけです。幼児が大人に叩かれたりすると、その後、その大人がそばに寄るだけで肌が鳥肌に変化します。心の不快な記憶が皮膚に現れたのです。

感性は心の中の察知力のことですから、不快を与えた相手を察知します。つぎに情緒が記憶から恐れを引きだし不安定になります。情緒が不安定になると皮膚が荒れだします。汗や体温の変化が生理的に皮膚表面に出てきます。

精神鑑定で使われるウソ発見器などもこれを応用したものです。海外ニュースでよく見る各国の首脳会談では、大の男同士が抱き合ってほほずりしたりしていますね。お互い相手の心の状態を感じ取ろうとしているわけです。

心が見えなくなったお母さんは、子どもとの皮膚の触れ合いが少ないのです。幼児のときから抱きしめほほずりを習慣づけていれば、子どもが中、高生になっても自然にできるはずです。諸外国ではよく見る風景です。

いま、幼児、児童を育てているお母さんはぜひ、子どものほっぺをなめてみてください。甘いですか、しょっぱいですか。その味がいまの子どもの心です。また、別の日にもなめてみましょう。味が変われば心が変化したということです。

植物でもそうです。たとえば、みずならという大木がありますが、幹にナタで切りつけたら樹液の質が急激に変化（タンニンが増加）して苦くなったという研究成果もありました。植物にも心がある証明ですね。

皮膚の変化のつぎは、しぐさ（無意識の動き）の変化です。児童期にはとくに顕著に現れます。いままでなにげなく見すごしていたクセが、急にオーバーになったり、乱暴になったりします。頭を軽く搔《か》いていたのが、ゴシゴシ搔きむしるほどになるなどです。

このしぐさの異常も、情緒不安定になりだしたというシグナルです。お母さんが気づいたときはあせらず受け止めます。それとなく友だち関係や学校の問題、両親の対応のまずさといった、子どもの周りを点検し見守ります。

でも、子どもに問いただすのはやめましょう。情緒不安は一過性の場合もあるからです。幼児期の情調のしつけ（子どもが自分自身の感情をコントロールできるようにする）が身についていれば、子ども自身で乗り切れるのです。しぐさの異常がより激しくならないか見守ります。しかし愛情の触れ合いは気づいたときから深めましょう。

そのとき、言葉で交流することと間違わないようにしましょう。会話だけではまず、心の触れ合いにはなりません。文字どおりの〝肌と肌の触れ合い〟です。生理的に皮膚と皮膚の接触面積の多少と圧力が必要になります。

大人でも情緒が不安定になることはしばしばあります。ストレスで心が苦しいとき、挫折して悩んでいるとき、人に誤解されて腹立たしいときなどです。そんなとき心は落ち込みます。その心を引き上げるには、なにも聞かずに愛情を注ぐことが必要なのです。

性格の波は動き方に現れる

「性質」と「性格」の違いがわかるでしょうか。性質は刺激を受けたときの内向きの反応（内向的）ですが、性格は刺激を受けたときの外向きの対応（外向的）と考えられます。お母さんが子どもを育てる中で大事なのは、あとの性格の方向です。

性格の形成は胎児期から始まり、乳幼児期に方向づけされます。そのあとで変えることは、不可能とはいいませんが大変困難です。だから、周産期育児のタイミングが重要なわけです。

性格を分類すると、ぜんぶで九二種類ほどあるのですが、積極的だが荒っぽいというふうに、複数の要素が絡み合って方向づけされています。単独で根づく性格はありません。

性格も、情緒ほどではないにしろ、やはり波があります。消極的でおとなしい性格が低すぎる波に出会うと心は暗く落ち込みます。短気で積極的な性格が高すぎる波に出会うと過激な行為をしたりします。

性格の波はその子どもの意識的な行為、つまり動き方に現れます。この波の大きさを見れば子どもの心がわかるのです。これは性格が変化するのではありません。感性と情緒の影響を受けて強弱の波が起きるということです。

子育て上手のお母さんは、この波をできるだけ荒立たせないように育てています。性格がよい悪いの話ではありません。性格も感性も、容易に変えることはできません。

ですから、性格の波の変動を少なくするのは〝情緒のコントロール〟ということになります。それで「情調のしつけ」の大切さがいわれるわけです。情緒がいつも安定していると、性格も素直に出るので動き方も安定します。

児童期の子どもの心は、この動きの波の高低が素直に出るので比較的わかりやすいのです。しかし少年期、青年期と成長するにしたがって、動き方に演技まで含まれるようになります。それでだんだんとわかりにくくなるのです。

つまり、ほんらい、よい性格・悪い性格というものはありません。すべて、情緒の不安定が起こると、性格が極端に出てくるのです。

気の弱い性格が不安定になると自損行為などを引き起こします。気の強い性格が不安定になると他損行為などを引き起こすのです。大事なことは情緒の安定だと知りましょう。

子どもの日常の行為の姿と形をよく見ていると、子どもの性格がよくわかります。その変化を「動相」ともいいますが、これも子どもの心の見方の一つです。

子どもが登校するときの、玄関のドアの開け閉めの形だけでも、動相から見れば「あ、いつもより乱暴にバターンとした」で子どもの心が昨日より荒れているのが見えます。当然、学校から帰宅したらそれなりの気づかいをしてあげたいものです。

しかし、すでに方向づけられた子どもの性格は、心の中の大きな要素になっていますから、手を突っ込んでかき回して直すことなどできません。お母さんが情緒を安定させてあげましょう。けっして極端に走らず、穏やかに接すること——それが性格安定のルールです。

言葉の交流ではなく、肌の触れ合いを

ここまで読んでくださった方は、感性や情緒、性格のつくられ方と方向づけの仕方が、すでにおわかりになったと思います。この三つの領域の連携が子どもの心の〝初心〟として、毎日、毎時、お母さんや周りの人々と接しているわけです。この〝初心〟をしっかり育てることが重要なのです。

成長期の子どもは〝初心〟という土台に、知能と理性、意思を教育によって築きます。この場合に当然、全身の細胞にある性質の初期感性や初期記憶、初期意思も受け継がれています。つまり〝初心〟の土台がしっかりしていれば、教育は最高に吸収されるということです。

ほんらいの教育は、この土台の上に、刺激、教え、育てるの三つの領域がありました。そして教える中身は知識、能力、才能、技術の四つの要素です。

それが近ごろ教育の効率化のためでしょうか、大事な三つ目の育てるが、どこかに落ちこぼれてしまい、育てることつまり「熟成を待つ」が消えてしまいました。

また、教える側も焦りばかりで、技術と規制に溺れてあっぷあっぷの状態です。時間のかかる、よい刺激を与えて熟成を待つなどの育て方は過剰な期待です。それで子どもは未熟なまま社会に押し出されているのです。

わずか一〇〇〇年前まで、子どもは、お母さんからいのちと心を育てられ、お父さんから知能を伝えられてきました。その後、文明と文化の急激な発達から、知能教育は高度に専門化されて、もはやお父さんの出番はなくなったように見えます。

しかし、いまの教育が落っことしたこの〝育てる〟ことにぜひ参加してほしいと思います。子どもに熟成する時間を与えるのです。お母さんがいのちと心を育て、お父さんが生活の目標つまり意思を伝え成熟させるのです。

それには子どもとの触れ合いが必要です。何度もいいましたように言葉の交流ではありません。皮膚の触れ合いです。幼児期からしていれば抵抗感はないはずです。

肌の触れ合いというと、お母さんの専門分野と勘違いして、遠慮するお父さんもいますが、とんでもない間違いです。お父さんの心（意思と理想）を子どもに伝えるのにいちばん役立つのです。お父さんはもっともっと子どもを抱きしめましょう。

学校で先生方が生徒たちを抱きしめることはできません。むかしはありましたが、いまそのようなことをすれば変な誤解をまねくからです。

いまは、専門の先生方から教育で受けた知能を成熟させるには、両親の愛と自信に満ちた肌の触れ合いが必要ということになります。

ただ、子どもも中学、高校生になると、なかなかそのようなチャンスはありません。でも、機会はつくれます。お父さんが二、三日出張するときなどに「じゃあ、行ってくるからな、お母さんを頼むよ」で握手します。

諸外国では日常的に大人同士でも、自然に握手し抱擁しています。心を通じさせるためです。これは男女間のものとは意味が違い、親子、友人間のものです。

私たちの社会には、国際化といってあらゆる産業製品が流れ込んでいます。ならば物、物、物の洪水ばかりでなく、もっとこのような文化的風習も、よいものは受け入れてもいいのではないでしょうか。

経済や物品、言葉の交流はどれほど多くても、心の交流にはなりません。人と人の直接的な肌の接触によって、ほんとうの心の交流は始まるのです。

付録　お母さんの悩みQ&A

「子育て一一〇番」として、子育てに悩むお母さんの手助けをと、一九七五年に開設した相談電話が、本年で二八年目になりました。相談件数は三万七五〇〇件余です。

始めた当時に比べるといまでは相談内容もずいぶん変わってきました。七〇年代は、お母さんの妊娠中の胎教のこととか、赤ちゃんの夜泣きの問題とか、身体の体調にかかわる育児技術の相談が多くありました。

もともとこの相談電話は、育児技術のアドバイスのためではなく、子どもの心の育て方を中心に伝えたかったものです。それが九〇年代に入ると急に、子どもの情緒不安定や性格の問題、友だち関係がうまくいかないとか、心の育て方の相談が増えてきました。

子どもの年齢もだんだん高くなり、小学校高学年から高校生のことまで幅広くなりました。実は幼児期の心の育て方のミスが、そのまま児童期から少年期と、もち越されてきたような感じです。

やはり、子どもの心の育て方は、できるだけ幼児期にしておくと、お母さんもあとの悩みが少なくなることがわかります、楽しい子育てのためにいま少し努力しましょう。

ちかごろの講演やセミナーで受けたお母さんたちからの相談の実例を、つぎに少しあげておきます。なにかの参考になればと思います。

［東京都東久留米市　母親学級セミナーに於て］

Q

二歳の男の子ですがなにか引っ込み思案で、人の中にいくとおびえて私の後ろに隠れて他の子どもと遊ぼうとしません。臆病な性格なのか前に出すと泣きだします。もっと積極的な性格に変えたいのですが、遺伝性で無理でしょうか。（T・Yさん　三二歳）

A

子どもの性格は遺伝ではありません。妊娠中から乳幼児期に、お母さんとのかかわり方で方向づけられるものです。子どもの人見知りしすぎる原因の一つは、お母さんの過干渉からやる気を失い、保護の不足による自信喪失が性格を弱くしているのです。

まず過干渉をやめましょう。子どものすることに先に手を出し、口を出し、指図や命令で子どものすることの先取りを年中していると、ついには子どもの性格まで弱めてしまいます。過干渉は子どもの積極性を奪うのです。待つことを学びましょう。
保護の不足は自信喪失をまねきます。つまり、乳幼児期の甘えの不足です。お母さんはもっと、この子の甘えを受け入れてあげましょう。添い寝、抱きしめも効果があります。愛されていることを気づかせるお母さんの行動が性格を変えます。

Q

小学二年生の女の子ですが、担任の女性教師が怖いと学校に行きたがりません。返事が悪いと叩かれたことがあるそうです。はっきりした言葉づかいをしない娘もいけないと思いますが、学校に話すべきでしょうか。（A・Kさん　三六歳）

A

どのような理由があろうが、体罰は教師として失格です。学校より教育委員会に話したほうがいいでしょう。言葉でわからなければ体罰でという発想は、子どもの心に深い傷を残します。言葉でわかるように教える能力がない人の言い訳です。

お母さんは、子どもの心の傷を癒してあげましょう。お母さんが教師に代わり子どもに謝ります。大人の立場として「ごめんね、お母さんが先生に、叩かないように頼むから、もう大丈夫よ」と、あとは抱きしめてあげます。

小さい子どもは弱者です。たとえ親の立場でも大人は強者です。体罰でしつけはけっしてできません。ほんらい、しつけで伝える大切な一つは、弱者を守ることでもあるのです。体罰ではしつけと反対の強者の脅しにしかなりません。

このような人は、子どもが体罰でもわからなければ、どうするつもりでしょうか。

Q

下に女の子が生まれてから三カ月、上の二歳六カ月の男の子が、まったくいうことをきかなくなりました。赤ちゃんとオッパイの取り合いをしたり、叱ると一時間でも二時間でも泣いています。どうすればいいのでしょうか。（S・Aさん　三一歳）

A

きょうだいの育て方のミスですね。もともとは下の子の妊娠中に、上の子どもも一緒に胎教からしてくれればよかったのです。いま上の子は、お母さんを奪った下の子をライバルだと思っています。なにかと下の子の育て方のじゃまをしたいわけです。

この子はお母さんに失恋したと思い込んでいますから、お母さんが行為で違うことを示しましょう。お母さんは「○○ちゃんが、いちばん好きなんだよ」と、赤ちゃんが寝ているときでも抱いてあげます。オッパイを欲しがれば飲ませましょう。

夜に寝るときもしばらく添い寝をしてあげます。赤ちゃんは別のふとんに寝かせます。同じふとんに川の字に寝ては効果がありません。

甘えの欲求不満からの行為ですから、一対一で直します。そして心を充実させてから、下の子の子育てに協力を頼むのです。一生オッパイを飲む子はいませんから。

Q

四歳の一人息子が無気力で自分からはなにもしないのです。ごはんも食べたくない、着替えもしたくない、幼稚園にも行きたくないと、まったくやる気がありません。私が毎日外で働くので一歳から保育所に預けたのが悪かったのでしょうか。（F・Hさん　三一歳）

A

この子は寂しいのですね。どこかで保護のすれ違いがあったのでしょう。楽しさが不足しているようです。保育所に預け、お母さんが働いたせいでもありません。保護とは時間の長さでなく中身の質のことですから。

保護の中に楽しさと安心感を与えなくては、子どもはやる気を失います。子どものやる気をつくるには、楽しさを気づかせ継続させることです。触れ合う時間が人の三分の一なら、楽しい質を三倍に濃くしてあげましょう。

思いっきりベタベタして「○○ちゃん悲しかった、お母さんも寂しかったよ」と、抱きしめなめ回したりします。子どもが嫌がるくらいです。まず、子どもの心のエネルギーのもと、お母さんからの愛を補充しなくては、子どもの心の中のやる気のエンジンはかからないと知りましょう。

Q

一歳九カ月の息子のことで相談します。普通食を食べだして一年以上になるのに、いまもオッパイを欲しがってねだります。夜も乳首を含ませないと泣きわめいて寝ません。いろいろな断乳も失敗しました。よい断乳法を教えてください。（T・Aさん　三〇歳）

A

まず、断乳という考えはやめましょう。離乳と思いましょう。おむつ外しなども含めて赤ちゃんの習慣変更は、大人が思うほど単純ではありません。心に大きな負担がかかるからです。大人でも転職したときなど不安でいっぱいです。

心にゆとりがないと不安は乗り切れません。赤ちゃんの心にゆとりをつくるのは、お母さんの保護力、つまり甘えの充実です。生後六カ月のときお母さんが病気で入院し、ひと月ほど実家に預けたそうですが、それから赤ちゃんはおびえだしたのでしょう。

また急にお母さんがいなくなったら大変だ、との恐れが繰り返されていると思います。その不安を解消しないまま、強制的に離乳したら情緒不安を引きおこします。そのくらいなら甘えを充実させるまで、より所のオッパイに触れさせたほうが安心です。

普通食をきちんと食べているのなら、近いうちに自分から乳離れします。

Q

小六の男子ですが、近ごろ下の妹や私に、なにかといえば本を投げつけたり、すごく乱暴になりました。学校でも嫌われているようです。友だちが悪いせいかと思うのですが、どうすれば素直なやさしい心に戻せるでしょうか。（K・Eさん　三九歳）

A

これは近ごろの話ではないでしょう。実は幼児期に原因があるのですが、お母さんが気づかれなかったのです。下の妹は学校の成績も優秀でやさしい子だそうですね。きっと、お母さんの愛情が下の妹のほうに偏りすぎたのではないでしょうか。

友だちが悪いせいでは、という見方に偏愛の考え方が現れています。子どもは友だちの影響よりも、まずお母さんの保護で育った影響が大きいのです。子どもがはじめはよい子なら、相手の悪い友だちによい影響を与え、その子はよくなっているはずですから。

下の妹に比べると、お母さんの与える愛の薄さを感じ、欲求不満が蓄積して暴れているとも思われます。上の子どもの心にやさしさを取り戻すには、お母さん自身が素直になって、幼児期の偏愛の仕方を思い出しわびましょう。

人のせいにせず、お母さんが誠意をみせて謝れば、必ず子どもの心は取り戻せます。

Q

一歳五カ月の女の子ですが、初めて公園デビューといいますか、近くの児童公園の砂場に連れていきました。ほかに同じ年ごろの子ども二、三人遊んでいたのですが、うちの子は怖がり私にすがりついて離れません。なにが原因でしょうか。（W・Sさん　三〇歳）

A

子育ての中の放任の大切さを思い出しましょう。ゆるやかに放して見守り、自然に任せるのが放任の子育てです。任せることでぐんと成長するものを、子どもの中に見いだし引きだすためです。干渉だけでは育たないものがあるからです。

原因は保護（甘えの受け入れ）の不足と、干渉（しつけ）のしすぎにあると思われます。乳幼児は保護が不足すると、自信喪失となり人づき合いを恐れます。また干渉をしすぎると絶えずすがりつくものを求めるようになります。つまり自立性が育ちません。

どんなにすぐれた性能の自動車でも、ガソリン（甘えの充実）というエネルギーの補給がなければ一メートルも走ることはできないのです。

お母さんはこの子を理屈で育ててはいませんか。乳幼児期は情で育てるようにしましょう。抱きしめ、なめ回し、思い切りかわいがれば子どもは変わります。

Q

二歳半の男児を育てています。友だちづき合いが下手なのか、すぐケンカになって泣きわめきます。おもちゃを独占したがり、だれにも貸そうとしません。わがままで欲ばりの性格みたいです。ケンカで友だちが離れてしまうのが心配です。(A・Sさん　二九歳)

A

自己虫という虫に取りつかれていないかの心配ですね。でも幼児期にはよくある話ですから、事故にならないかぎり冷静に見守りましょう。幼児同士のトラブルのときにお母さんが仲裁しても、あまりいい結果にはならないものです。

幼児のケンカはたわいないものがほとんどで、どちらがよい悪いは意味がありません。

その場で注意しても、たぶんどちらも聞かないはずです。お互いに自分の我を通そうとしてトラブルになるのです。放任して見守ることも必要です。

いまは幼児間に大人が割り込み、干渉することが多すぎます。その結果、親和性未熟のまま児童期、少年期と成長したとき、トラブルの解決法がよくわかりません。

子どもの社会性とか親和性は、幼児同士の個性のぶつかり合いから学ぶことも多くあります。ケンカしたり、仲直りしたりで幼児の心も成長していくからです。

Q

いま小学三年の長男のことですが、二歳下の次男に比べるとなにをしても劣るのです。グズでのろまで鈍感で、手伝いに何印の醤油を買ってきてと頼んでも、なぜか違うものを買ってきます。失敗ばかりで嫌になります。（E・Yさん　三七歳）

A

きょうだいの育て方に問題があったようですね。子どもの性格を比較して育てるのはやめましょう。上の子を見るお母さんの目にすでに色メガネがかかっています。個性や性格は悪い面ばかりということはありません。

消極的な性格なら、慎重な行動をするといった具合です。子どもの性格の中に、もしも短所を見たら、必ず反対の長所になる面も見つけだしましょう。お母さんの愛情が下の子に偏りすぎ、上の子のやる気を減らしてきたとも考えられます。

子どもを育てる上でもっとも大切なのは、短所も長所も含めて、あるがままの子どものすべてを愛することです。

子どもの心、感性、性格、情緒だけでなく、子どもの体、顔、髪、目、耳、鼻、手足の色や形まで好きになることです。

お母さん、上の子に惚《ほ》れましょう。惚れると短所も長所になるのです。

Q

二歳五カ月の男児のことで相談します。下に女の子が生まれて三カ月になります。授乳のときとか添い寝をしているとき、無理にこの子が間に割り込みじゃまをするので、叱ると泣きわめいて暴れます。どうすればよいのでしょうか。（S・Nさん　三一歳）

A

たぶん下の子の妊娠中の胎教に、上の子も一緒に参加させなかったのでしょう。この子は情緒不安定になっています。いまお母さんが強く叱ったり突き放すと、おねしょ癖や、チック症を引き起こしたり、あとあとより困ることになります。

しばらく、お父さんにも手伝いを頼み、授乳のとき以外、夜間の赤ちゃんとの添い寝はお父さんにしてもらいます。お母さんは上の子と添い寝をします。三人一緒の添い寝では上の子は落ち着きません。お母さんと二人きりでないと安心しないのです。

二年数カ月、お母さんを独占していた状況が、ある日突然ライバルの出現で崩れたのです。「お兄ちゃんは、じゃまだからあっちに行って」といわれて、寂しい悲しい思いを抑えているのです。お母さんは察してあげましょう。
下の子は生まれたとき、すでに上の子がいたのですからその思いはありません。

Q

一人っ子の中一の男子ですが、小学生のときは学校のこととか、なんでも話し合ったりしていたのが、中学に入学してから急に口をきかなくなりました。なにか不機嫌そうで、話しかけても返事もしません。子どもの心がわからず不安です。（T・Fさん　四一歳）

A

これはたぶん幼児期の親和性のしつけの不足もあると思います。しかし急に口をきかなくなっただけなら一過性かもしれませんね。少年期から思春期への転換時期で生理的にも悩みの多いときです。少しのあいだ見守る必要がありそうです。

心はまず皮膚に現れます。学校や友人関係のトラブルなどで心が荒れてくれば、肌も荒れ汗の匂いも悪くなります。それとなく見てみましょう。

つぎに変なしぐさはしていないかです。安定が崩れると壁を叩いたり、頭髪を抜きいじくり回したりするものです。

ただ言葉で聞きただすのはやめましょう。話したくなる雰囲気づくりが大切です。子どもと関係のない話題、お父さんやお母さんの失敗談などが、案外、話しだす糸口になるものです。説教調はかえって役に立ちません。

情緒不安はしぐさの異常さに、性格の荒れは行動の荒れに出ることを知りましょう。

Q

小四の男子ですが、気が弱く学校でもいじめの対象にされているらしく、先日はパンツを無理に脱がされたと下着だけで帰宅してきました。いじめに負けずに闘えと厳しくいうのですが、性格を強く変えられないものでしょうか。（Y・Eさん　三九歳）

A

性格をいえばこの子は気が弱いのではなく、やさしい性格だと思います。お母さんがしっかり受け止めて力づけましょう。

やさしい性格は悪いことではありません。できればだれも入れずに相手のいじめのグループと会い、いじめる理由を聞きます。たぶんないと答えるはずです。お母さんは「理由のないいじめはやめようね」と頼むのです。

なにか、子どもが事件を引き起こすと、さっそく専門家の方々が集まりカンカンガクガク。あきれるほど同じ調子の事件分析を始めます。そしていまだに一〇〇年前の精神分析学の受け売りをする人々が、専門用語を並べたて診断をくだして終了です。

いま子育て中のお母さんにとって大切なことは、子どもの歪んだ心の分析や診断ではなく、どう育てたらよいのかの予見と、どう対応すればよくなるかの直し方ではないか、と思うのですが、具体的なものはなかなか見当たらないようですね。

Q

小学五年の長女のことですが、学校で性教育の授業のとき、性器の模型や図表を見せられて気分が悪くなったそうです。それ以来あまり口もきかなくなりました。ショックが強すぎたようです。黙っていてもいいものでしょうか。（N・Sさん　四〇歳）

A

どういうわけか近ごろはやりの性教育は過激すぎてあきれてしまいます。繊細な少女期の感受性も考えずに、いきなり性器の模型などを見せるとは行きすぎです。ある意味では形の違うセクハラともいえるのではないでしょうか。しかし、苦情をいっても通じないでしょう。そのような性の教育に没頭している人は、子どもの心が受ける影響は二義的な思いのようです。研究も熱心で世界中より性教育の資料集めをしている人もいるそうですから。

子どもに性教育をするのなら、自然が与えた性の真意、心と愛と性の関連性を必ず伝えてほしいのです。性器の使い方や避妊の仕方など、初等教育の場で伝える必要はあまりないと思います。そういった情報はいまの社会にはあふれているからです。
自然はもともとすべてのいのちに、愛と性と食の心はきちんと伝えてあります。

Q

小学二年生の男児ですが、食べ物の好き嫌いが多く、食べ方もときどき手づかみで食べたり乱暴です。学校へ行くようになれば直してくれると思っていたのですが、いまだに変わりません。どう教育すればよいのでしょうか。(A・Kさん　三五歳)

A

このような質問が多くなっています。

これは一見、単純な食事のマナーの問題に見えますが、実は子育てのすべての領域にかかわるミスから発生しているのです。乳幼児期の育て方「甘えの充実、しつけの伝え方、干渉と保護の与え方」の領域です。

学校教育の場では直せません。知能教育の場に子育ての世界を持ち込むと混乱します。学級崩壊の原因にもなります。子育ては家庭で、お母さんの育児力で決まります。子育ての三つの領域をあらためて見直してください。

まず甘えの充実としつけの伝え方を、子どもが幼児期に帰ったつもりでやり直します。子どもも七歳にもなると幼児のようにはなかなかなれませんが、赤ちゃんごっことかいって遊びにしてやりましょう。お母さんも子どもも少々テレますけど。

子育てのミスは早く訂正しないと、いつまでも帳尻合わせがつきまといます。

Q

初めての子育てで困っています。生後三カ月の男児ですが母乳不足でミルク育ちです。乳児検診では成育もいいといわれました。実は毎晩、夜中に急に激しく泣きだし、抱いて二、三時間歩き回らないと寝ません。私も泣きたい思いです。（I・Rさん　二六歳）

A

小児科で体に疾患はないということですから、赤ちゃんはおそらく情緒不安になっているのでしょう。出産は自然分娩でしたか、誕生後は母子同室でしたか。赤ちゃんが情緒不安になる要因はいろいろあるので思い返してみます。

でも、いまはまず赤ちゃんのおびえを取り除きましょう。母乳不足のお母さんはほとんどの人が、ほ乳びんでの授乳を優先していますが、これを、たとえ少なくとも母乳優先にします。授乳は栄養の補給だけではなく、安心感の補給が大切なのです。

しばらく離乳は延ばしましょう。母乳は出なくても胸に抱き上げ乳首を含ませます。甘えの充実です。

また、ほ乳びんを含ませるのも同じ姿勢でします。赤ちゃんは手でお母さんのオッパイを触りながら受乳することでしょう。

この安心感の補給を続けておびえをなくせば、赤ちゃんはぐっすり眠ります。

Q

小六の一人息子ですが近ごろ登校もせず、TVゲームかなにかにはまり、部屋にこもりつきりで食事にも出てきません。私たち親が共稼ぎで昼間いないものですから、触れ合いが不足した結果でしょうか。心配です。（O・Kさん　三九歳）

A

幼児期の育て方のミスが出てくるのが、だいたい少年期になるものです。お母さんとの触れ合い不足や共稼ぎのせいではありません。しつけの伝え方のまずさです。触れ合いの深さは時間の長さではなく、触れ合い方の質の問題ですから。

子どもは嫌がるかもしれませんが、なにか理由をつけて母子同室にしてみます。ある期間だけといいます。それ以上の干渉はいっさいしないと約束します。幼児時代の甘えの不足としつけのまずさを補うのは、ある程度の強い手段が必要です。

少年期の情緒不安の安定は、両親が全力を上げて取り組みましょう。子どもの心も激しく揺れ動く時期ですから。ただ、無理に登校をすすめたり説教はしないこと。家事手伝いは大いに頼んでしてもらいましょう。
何歳でも子どもは子どもです。お母さんが必死に愛を伝えれば心は必ず通じます。

Q

小学二年生の長女ですが、半年前、下に次女が生まれたころから、食べ物をやけ食いみたいに口に入れていました。そのせいか太りすぎたので、もう学校にも行きたくないというのです。どう叱ってよいのかわからなくなりました。（E・Oさん　三六歳）

A

子育てで食が細くて心配です、という相談は多いのですが、食べすぎて心配です、とはあまり聞きません。実はどちらも心配しなくてはならないことなのです。子どもは情緒不安定になると、拒食症または過食症という行為でもシグナルを出すのです。
おそらく下の妹が生まれたときの対応にミスがあったものと思われます。ただ、情緒不安も永続していると、神経症となり体調も影響を受けます。叱り方を考えるより、一日も早く小児科か心療内科に相談に行かれることをすすめます。

子どもの体重が急に増えだすと他の余病の心配も出てきます。軽々しく考えてはいけません。

それと、お母さんは、この子の心の不安を取り除く努力もしてください。はっきり「○○ちゃんがいちばん大好きだよ」と、一対一で伝えてあげましょう。いまいちばん不安がある子をいちばん好きになるのが、きょうだいの育て方のコツです。

Q

胎教のことでおたずねします。先日、診断を受けて妊娠八週目といわれました。それまでまったく気づかず、合コンやドライブで遊び回っていて悪かったと思います。お酒やたばこはさっそくやめましたが、胎児に影響はないか心配です。（W・Sさん　二五歳）

A

結婚したら妊娠の可能性はだれにでもあるわけですから、注意すべきでしたね。しかし、胎教のことなど考えもしない人もいますから、お母さんは立派です。おなかの赤ちゃんも感謝していると思います。

胎教はどうすればよいかより、胎教をしてあげたいとお母さんが思うとき、すでによい胎教が始まっているのです。胎児への思いやりがあれば通じるのです。

まず、おなかの赤ちゃんに愛称をつけましょう。ニックネームです。お母さんの好きな○ちゃんでもいいのです。その愛称で絶えず話しかけましょう。「いま、スーパーでお買い物中ですよ」とか、日常の出来事を伝えるのです。

ただ、妊娠初期のお酒はともかく、たばこは多少影響が残ります。八週間でもあまり感心しません。

あとあとは動き方にも気をつけて、よい赤ちゃんを産みますように。

Q

三歳の女の子で一人っ子です。のびのび成長してほしいと思い、幼、保には行かせず家で育ててきました。ただ、実家の母が、どうしても早期教育は必要だとうるさいのです。子どもに早期教育は欠かせないものでしょうか。（E・Uさん　二九歳）

A

結論からいえば、やっぱり、おばあちゃんのいわれるとおり必要でしょう。少し前ですが、あるお母さんの悩みを聞いたことがあります。いまのお母さんと同じような考えで自宅で女の子をのんびりすくすくと育てました。情緒も安定して性格も素直で、すてきな子どもに成長したのでお母さんの自慢でした。

小学校に入学したひと月後、担任の先生に呼ばれて注意を受けました。「どういう育て方をしたのですか。名前を書き取りさせて、できなかったのは、お宅の子どもさんだけですよ」。それでそのお母さんは「でも、読み書きは小学校で教えますから入学前の学習は不要です、と聞きました」と反論したのですが、笑われてしまったそうです。

いまの社会はタテマエ（きれい事）とホンネ（実際の場）がしばしば違いますが、教育界も例外ではありません。お母さん、知恵をもって子どもを守りましょう。

Q

一歳半の男児ですが、しつけがうまくできないのです。朝の洗面から歯磨きまで、私がしてやらないと自分からしようとしません。パジャマの片付けも着替もぜんぜんしないのです。せめて自分のことは自分でできるようにしたいのですが。（S・Yさん　三〇歳）

A

自然界の体調のしつけは、すべて見よう見まねから始まります。スズムシの鳴き方一つ例にとっても、親スズムシが手取り足取りして鳴き方を指導しているのは見たことがありません。親の羽の震わし方を見よう見まねで学ぶのです。

言葉で教えるわけでもないのに、なぜまねるのでしょう。うまくまねたときには、自然が子スズムシにごほうびを用意しているからです。ただ、オスとメスのコミュニケーションのためだけではありません。まねたすてきな振動が自身に与える快感です。

体調のしつけに必要なのは快感です。自分で顔を洗ったり、歯をブラッシュしたりしたあと、快感を与えるようにするのです。お母さんが「上手にできたね、ほら、気持ちいいでしょ」と、とにかくほめてあげます。

幼児の体調のしつけは、適切なときに適当な快感をどう与えるかで決まるのです。

Q

幼稚園に行く三歳半の女の子のことですが、下に一歳の弟もいます。いつも夜の寝つきが悪く、一一時ごろまで寝ません。先日ふと見たら、性器いじりをしていたので叱りました。それに毎朝のようにおなかが痛いと登園をしぶります。心配です。（T・Yさん　三一歳）

A

しょっちゅう指しゃぶりもしているそうですね。たぶん下の弟が生まれたとき、お母さんが対応をあやまり、この子は情緒不安定になったものと思われます。甘えの充実を図って、情調のしつけを見直せば情緒は安定するでしょう。それに指しゃぶりと、性器いじりの関係も気になります。前にもありました相談例ですが、幼児の性器いじりは、案外、別の理由のこともあります。蟯虫《ぎょうちゅう》という寄生虫がいますが、子どもの集団の中で口から感染するものです。夜半になると雌の成虫（八ミリほどの糸状）が、体内から肛門に出てきて産卵します。それがかゆくて不眠になる子もいます。医師にお願いして検査してもらいましょう。その場合、駆除はすぐできますから、あまり心配されないように。子どもの変わった行為を、思い込みだけで判断すると間違うこともあるという例です。

Q

小学二年の男児についての相談ですが、五歳の弟と仲が悪く、年中取っ組みあいのケン力をします。見ているとと兄のほうがいつも意地悪をしかけているようです。いくら注意をしてもやめません。どうすればよくなるか教えてください。（A・Sさん　三六歳）

A

聞くとお母さんの見方は、どうしても弟寄りに感じます。兄のほうは体も大きく、いうことも生意気でかわいげがない、ということでたいてい兄のほうばかり叱る。その繰り返しですか。それではお兄ちゃんは収まらないはずです。

もともと、きょうだいの育て方にミスがあったと思います。それを見直してみてください。上の子は寂しいのです。下の子が生まれたとき「上の子には気をつかえ、下の子には手をかけよ」のルールを守らなかったのではないでしょうか。

きょうだいのトラブルでは、お母さんは審判官になってはいけません。どんなときも、きょうだい双方の弁護人の行動をとることです。どちらが正しいか正しくないかなど審判はやめます。それが自然のルールです。ただ、非常に困ったときは、お母さんは二人に助けを求めます。「仲よくなるにはどうしたらいいの」と泣きつくのです。

Q

小学六年生の長女のことでおたずねします。友だちとのつき合いで携帯電話が欲しいといいだして、中学に入ってからといっても聞きません。料金は自分の小遣いで払うから迷惑はかけないと言い張ります。どういえばわかるのでしょうか。（F・Kさん　三八歳）

A

下に小三の妹がいるそうですね。二人姉妹なら寂しくもないはずですが、少々危ない感じもします。子どもも心が満たされていないと外に求めるようになります。友だちというより集団とのつながりに仮想の安心感を求めるのです。

ケイタイという便利なものが、いまの子どもたちの心のすき間を埋め、仮想の満足感を与えます。緊急連絡の必要な職業の人々はもって当然ですが、それほど緊急の用件などないはずの子どもたちに急激に普及したのは、この仮想満足のためです。

昨年の警察庁の発表では、少年少女が被害者になった犯罪件数は四〇万六五一九件、そのうち小学生は二万二八九五件。多くは出会い系サイトが絡んでいたそうです。
お母さんが、中学生になってからというのは当然です。子どもの察知、判断力の成長を待つという重い意味があるからです。やさしく納得させましょう。

Q

いま妊娠一二週です。初めてのお産で緊張しています。実家の母も地方ですので、よくわからないというのでおたずねします。産科、産院の選び方や、お産で注意する心構えを教えていただきたいのですが。（D・Mさん　一七歳）

A

これはまず住まわれている場所から判断しましょう。現在、産科、産院の情報は出版物としても各種出ていますから、自宅の近くで適応するところを選ばれればよいでしょう。本でなければ地域の保健所で聞かれてもいいと思います。

できれば自然分娩、母子同室、母乳育児をすすめているところがベターですが、病院ではなかなかないでしょう。

WHO(世界保健機関)で赤ちゃんにやさしい病院と認定されたところは、昨年全国で二五カ所しかないそうです。産院はだいたいそうなっていますが。

自然分娩とは、よほどの異常がないかぎり、初産でも会陰切開をしない、陣痛促進剤で強制収縮をさせない、経膣分娩でどこも切らない自然なお産のことです。

ただ、検診を受けたあとは、その医師なり助産師の指示と助言は、しっかり納得するまで身につけることです。なにしろ主産婦はあなたですから。

Q

三歳の男児と一歳の女児の子育てをしています。近ごろ上の子が思うとおり動かず反抗ばかりします。干渉か保護の子育てかの、どれがミスったかと反省して見直しています。また、放任の子育てがよく飲み込めません。教えてください。(O・Mさん　三一歳)

A

きょうだいの育て方のルールを思いだしましょう。上の子の保護の不足を埋めれば直りますから、お母さんも自信を取り戻してくださいね。

放任の子育てのルールは「見守り、待つこと」です。放置とか破棄とかいうものとは、まったく違いますから、勘違いすると飲み込めなくなります。

お味噌とか醤油をつくるときの醸造過程というのがあります。米や麦などを蒸して一定の環境に置き麹菌を含ませ、見守り待ちます。熟成は自然の力に委任するわけです。

この場合、保護が環境で、干渉が麹菌ですが、熟成は自然に放任するということになります。

放任とは人の力の及ばぬところです。しかし適切な保護は必要で必ず見守ります。

いまの子育てや教育の領域で多くの間違いが繰り返されるのは、この自然に任せる放任を軽視していることに原因があります。熟成を待つことの大切さを覚えましょう。

Q

五歳と二歳の男の子二人の子育て中です。子育ての勉強もしましたがやっぱり大変で、炊事、洗濯、掃除と雑用も多すぎます。子どものしつけもうまくできないので、夫にいうと子育ては母親の責任と逃げます。父親の役割はなんでしょうか。(Y・Kさん　三五歳)

A

ここまでくると子育ての相談というより、身の上相談みたいですね。子育てに限っていえば、お父さんの役割は、ずばり、お母さんが子育てをしやすくすることです。たしかに子育ては、お母さんが責任を背負わされています。

それは、子どもの心の育て方には、お母さんがもっとも影響力があるという自然が与えた力です。それだけに、お父さんはお母さんの背負う負担を軽くするのが役割なのです。経済的な責任を果たすだけではすみません。

もしも、自分は働いて稼いでいるのだから、子育てに協力する余裕がないなどと逃げるお父さんがいたら、お母さんがより稼ぎだすようになったら、放りだされてもいいのでしょうか。保護責任とはお金の問題だけではありません。
夫婦間の問題は即、子どもの育て方に直結します。夫婦仲よくしてください。

Q

五歳の一人息子ですが、少し気が弱いのか、友だちにもよくいじめられます。父親はもとスポーツのコーチをしていたので、子どもに根性を叩き込むといって、嫌がるのを無理やり鍛えています。いいものでしょうか、なにか不安です。（S・Yさん　三四歳）

A

「好きこそものの上手なれ」といわれています。子どもが好きでするならばともかく、お母さんの不安ももっともです。五歳にもなれば感性や性格ももう決まっています。なんの教育にしても、嫌がるものを無理に詰め込んでも消化不良になるだけでしょう。
子どもの育て方に悪影響を与えているものの一つに、各界の有名人の出世物語とかスポ根物語などがあります。いわゆる〝おしん伝説〟です。あのような何十万人に一人の成功者の影を追わせることで、どれほどの子どもたちを不幸にしていることでしょうか。

ひと握りの成功者の影に挫折した数十万の人々がいるのです。お母さんは、子どもの一生を運動会の勝ち負けに賭けてはいけません。大多数の敗者の一人になるとしても、幸せな生き方ができるような育て方をしてほしいものです。

歴史上、最後まで幸せだったヒーロー、英雄は、ほとんどいないことを知りましょう。

Q

中学二年の男子ですが、下に九歳の弟と六歳の妹がいます。長男が中学で素行のよくない同級生を友だちにして、別れなさいというのですが聞きません。先日もその子が万引きした店に一緒に謝罪にいったそうです。どうすればいいか心配です。(T・Mさん　四二歳)

A

話を聞いた結論からいえば、お母さんの中学生の子どもは、やさしい心の持ち主です。その同級生と別れないことについて、「他に友人がいないので、自分が友として見守りたい。本人も立ち直ってもう変なことはしないといっている」と説明したそうですね。店までつき添っていき共に謝ってあげた行動に、店長も感心したというのも当然でしょう。子育てでいちばん伝えたい、やさしい性格と、友だちを守る意志の強さなど、お母さんはすばらしい子育てをしています。なんの心配があるでしょうか。

いま教育は知能技術に偏っています。成績点数主義が教育社会のすみずみまでまんえんし、規則から罰則と差別の理由づけに熱中しています。画一的なアンドロイドの生産に夢中になっている教育界は、重い病気だともいえるのではないでしょうか。

人は助け合って生きるから人です。お母さん、自信をもって子育てを続けてください。

◉子どもの心を伸ばす五つの言葉

お母さんの言葉は、子どもにとっては大きな影響があるので慎重に使いたいものです。用件だけでなく、できるだけ挨拶言葉を前後につけると子どもの心が伸びます。

（家事手伝いの場合）

良い例……「○○ちゃん、用事中に悪いけど、お醤油が足りないの、スーパーで買ってきて、お願いね」

悪い例……「○○ちゃん、大至急お醤油を買ってきて！」

幼児のときは、とくに言葉をゆっくり、はっきりと短く伝えること。

子どもがテーマを果たしたとき、心を伸ばす五つの言葉

1．よくできたね、何々

2．早かったよ、何々
3．上手だよ、何々
4．きれいだね、何々
5．大好きだよ、何々

お母さんがこの言葉を与えると、子どもは達成の快感を感じるので心が伸びます。

◉子どもの身につく六つの叱り方

子どもの失敗を注意する（叱る）のにもこのルールを守りたいものです。たとえ乳幼児でもプライドがあります。しょっちゅう自尊心を傷つけていると、心は萎縮し反抗心を根づかせてしまいます。

1．嫌がる欠点をつつかない（お前はのろいし不細工だから、失敗するのだ）

2. 欠点を数え立てない（グズでのろまで鈍感だから、こんなしくじりをするのだ）
3. 他の子どもと比較しない（あの子はできるのに、なぜあなたはダメなの）
4. 前の失敗をつけ加えない（この前の何日も、同じ失敗をしたじゃないの）
5. 同じ注意を繰り返さない（だからいったでしょ、何度いえばわかるの）
6. 思い出し注意をこじつけない（前にもいったけど、忘れないようにいうわ）

子どもを伸ばす言葉は、成功快感を与えアセチルコリン（脳細胞活性酵素）を増加させ心を豊かにして頭をよくします。

子どもを下手に叱る言葉は、自尊心を傷つけスコポラミン（酵素遮断ホルモン）を増加させ、心も萎縮させて頭を悪くします。

お母さんの「育児力」を強くする本

『あなたの子供はこんなに危機にさらされている』
——いまの過酷な環境の中で、どうすれば子供をすこやかに育てられるか
七田　眞　編（米国ニューポート大学幼児教育学部教授）
総合法令出版発行　定価・本体一六〇〇円

『赤ちゃんの未来がひらける「新しい胎教」
——胎児から子育てははじまっている』
七田　眞　著（七田チャイルドアカデミー校長）
PHP研究所発行　定価・本体一一五〇円

『パルモア病院日記
——三宅廉と二万人の赤ん坊たち』
中平邦彦　著（神戸新聞社論説副委員長）
新潮社発行　定価・本体一三〇〇円

『情緒障害一一〇番
——お母さんの子育ての悩みに答える、子育て相談二十一年の実録』
信　千秋　著（周産期教育研究会主宰）
鳳鳴堂書店発行　定価・本体一二五〇円

『甘えのルール
——赤ちゃんにあなたの愛情を伝える方法』
信　千秋　著（子育て相談一一〇番主宰）
総合法令出版発行　定価・本体一三〇〇円

『しつけのルール
——3つのコツで楽しく子育て』
信　千秋　著（子育て相談一一〇番主宰）
総合法令出版発行　定価・本体一三〇〇円

おわりに

いま世界遺産が話題です。数世紀にわたり残された貴重な人類の遺産。美しい風物の中の建造物、目の覚めるような大伽藍の天井画の美しさなどを目の当たりにすると感動してしまいます。ただ不思議なことに、これだけ多くの遺産の中に「子育て」にかかわる遺産、遺物が見当たりません。子育ては人類にとってそれほど不要な文化だったとは思いませんが。「花よりダンゴ」。心を打つ美しさより、腹に入るダンゴのほうが価値があるということでしょうか。このパラダイムが子育てに紛れ込むと、子どもは心の迷子になります。

いま中学、高校生の一部にまで性病が広がっているそうです。少数の子どもたちのことを大げさに伝える報道には問題がありますが、悲しいことに一部は事実なのでしょう。ある少女は、雑誌のインタビューで「愛よりお金が欲しい」といいました。

大人はこれを非難しますが、このような価値観を育てたのは、その価値観でいまの社会を動かしている私たち大人の世代です。どんな悪い子どもでも、悪い大人に比べればよい子どもだという言葉もあります。子ども社会は大人社会のミニチュア版なのですから。「ダンゴより花」、「お金より心」が大切なのだと言い切る転換が、はたして大人にできるでしょうか。この大人世代の反省もこめ、子どもに伝えてほしい大事なものをまとめたのが本書です。

いま、国際的にご活躍されている児童教育界の先駆者、七田眞先生及び七田厚先生のご指導とご支援の数々に、心よりお礼申しあげます。さらに講演企画など、たえず力になりご支援くださる、児童英語教育界のすぐれた若き指導者、船津洋先生と船津徹先生に深く感謝いたします。このような洞察力をもった諸先生方のお力添えもありまして、なんとかこの本をまとめあげることができました。重ねてお礼申しあげます。また、総合法令出版編集部、山本美和さんの新鮮なコーディネートで、若いお母さんたちへのアプローチが、さらによりよい形にまとまりましたことに感謝しております。

あとになりましたが、全国各地のお母さんたちや関係者の方々から、この「育児力を強く」の呼びかけに、温かいご賛同とご支援をいただきました。あらためて厚くお礼申しあげます。ありがとうございました。

信　千秋

著者紹介

信 千秋（しん・せんしゅう）

横浜市出身。

1960年より母子教育のテキスト企画と編纂に従事する中で、1975年、続発しはじめた母子関係のトラブルの解決にと、相談電話、子育て一一〇番を開設。以来28年間、アドバイザーとして3万7500人の親たちの心の子育ての悩み相談に応えてきた。

助言は、母子教育書を編纂する過程で多くの医学者や教育学者、哲学者、自然科学者の方々との交流で学んだものと、さらに自然科学の生物生理学の応用によるユニークな独自の子育て論を系統立てた周産期教育理論で裏付けされたものである。

この周産期教育理論よりマーメイド胎教セミナーを17年前に開講。その主任講師として指導中。現在までの受講者は5000余名となっている。

新しい心の子育ての教育論の三原則、心育、音育、動育は、具体的な母子相互関係構築の子育て法として、各マスコミでもたびたび報道されている。

- 周産期教育研究会主宰
- 子育てサポート指導者研修会講師
- マーメイド胎教セミナー主任講師
- 成人学級テキスト企画研究室室長
- 親子療育相談心育コンサルタント
- 情緒障害一一〇番主任カウンセラー

子育てを楽しくする情報

周産期教育研究会（心の子育てや胎教の研究を行っています）
マーメイド胎教セミナー（周産期教育と近代胎教の講習会、妊娠前も歓迎）
親と子の心の療育相談室（心の子育ての相談と指導を行っています）

（お問い合わせ）
信千秋事務所
TEL 072（245）2222

お母さんの「育児力」が強くなる12のルール

2003年10月7日　初版発行

著　者　信　千秋
発行者　仁部　亨
発行所　総合法令出版株式会社
〒107-0052 東京都港区赤坂1-9-15
日本自転車会館2号館7階
電話　03-3584-9821（代）
振替　00140-0-69059
印刷・製本　中央精版印刷株式会社

ISBN4-89346-815-4
総合法令出版ホームページ　http://www.horei.com